旅人の食

旅の記録と食風景

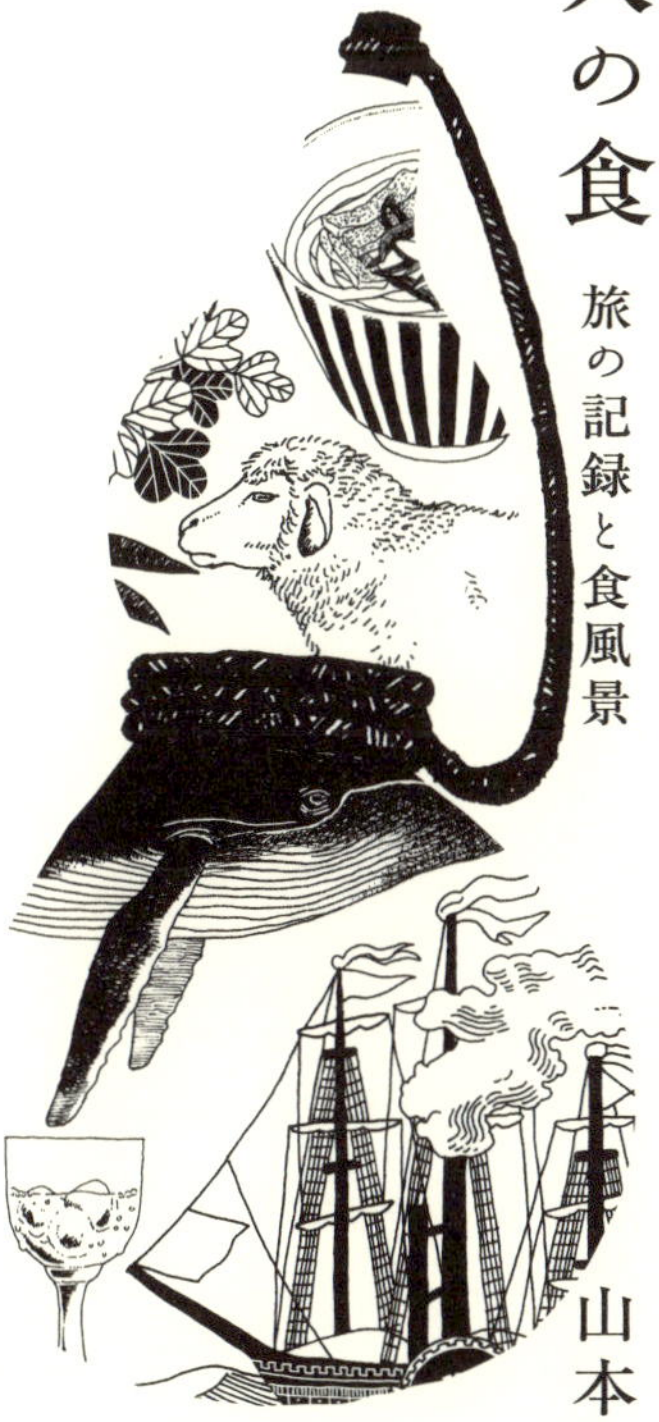

山本志乃

教育評論社

はじめに

生きるためには食べることが必要であるように、旅にも食が必要である。

とはいえ、旅は日常生活を離れた時空間であるから、そこでの食が持つ意味も、日々の空腹を満たす習慣化した食とは自ずと異なってくる。たとえば、コロナ禍以前の二〇一九年、公益財団法人日本交通公社が実施した日本人の国内旅行に関する調査によれば、旅先でもっとも楽しみにしていることの第一位は「おいしいものを食べること」(二八・七%)であった。新聞やインターネットに掲載される旅行の広告、パンフレットなど見ても、多くが鮮やかな写真を添えて食の魅力を発信している。食はいまや、旅先の選択に欠かすことのできない情報のひとつであり、旅を彩る巨大なエンターテインメントでもある。

その一方で、食そのものを目的とする旅は、さほど古くからあったわけではない。もちろん、さかのぼれば江戸時代にもその土地の名物を食する楽しみ方はあったし、昭和の戦後、高度経済成長期の団体旅行ブームの頃に、趣向を凝らした郷土料理が旅行の付加価値を高める役割を果たしもした。だが、いわゆるグルメツアーのような、食の消費と娯楽を目的とした旅が一般化するのは、おおよそ一九九〇年代以降のことである。

人類の歴史は移動、すなわち旅の歴史でもある。数百万年にもおよぶそれは、食を求めての旅であった。いやまて、移動と旅は違う、と考える人もいるだろう。だが、日本語のタビは古語である。日本最古の歌集とされる『万葉集』にはタビを詠んだ歌がたくさんあるが、そこに描かれた情景は、遊興とは程遠い。山中でのわびしい食、それすら得られず、行き倒れの骸となるのもまれではない。古代のタビは、常に死と隣り合わせであった。

民俗学者の柳田国男は、タビの語源について、「給《たま》え」の口語体であるトウベに通じるのではないかと推測している。語源については諸説あるが、柳田はここで、「給え」すなわち「ください」と食を求めながら移動することを旅の初源としているのである。

旅と食とは分かちがたく結びついている。いうまでもなくそれは、娯楽としての旅と食の関係に限ったことではない。

旅を生きる術とした人にとっては、旅先での食がそのまま命をつなぐための糧にもなった。神仏の加護を願って身一つで修行の旅をする人には、食を乞うことが心身鍛錬の一過程でもあった。

そしてまた、未知なる土地へと道を拓いた人たちは、未知なる食にも遭遇し、これを口にした。それぞれの旅には、それぞれの食がある。そのことを知る手がかりは、旅人たちが残した記録にある。ただし、旅の記録に食の記録が伴うことは、じつのところさほど多くはない。食は旅に必要不可欠な要素であるが、だからこそ、当たり前のこととしてあえて記されてこなかったのか、あるいはきわめて個人的な体験に帰結するからなのか。いくつかの例外はあるものの、旅に出た先人たちは総じて、これを積極的に書き残そうという意欲に乏しかったようだ。

それでも、そうした記録を掘り起こしてみると、旅の情景のなかに埋め込まれた食の断片が浮かびあがってくる。どんな旅人が、どこで、どんな食の風景と出会ったのか、本書では、それらをその人の生きざまや時代背景とともに紡ぎ合わせることを試みた。

対象とした時代は、概ね江戸時代後期から、明治・大正・昭和初期あたりまで。江戸時代といえば歩く旅を基本とした時代だが、行く先々で旅人に対する寝食が安定的に提供されるようになり、旅が大衆化の兆しをみせた。加えていうなら、旅の記録のみならず、市井の人々の暮らしそのものが多くの人の筆によって綴られるようになった時代でもある。そして明治以降、近代的な交通手段の登場は旅人たちの足をさらに遠くへと伸ばし、海外への雄飛にまで発展させた。一八世紀の終わりから二〇世紀初めにかけてのこの時期は、日本における旅文化が急拡大した。と同時に、新旧交えたさまざまな旅のかたちが息づいていた時代でもあった。

そうした旅のかたちを集約させると、おおよそ以下の三つになる。

まずは、現代の我々にもっともなじみやすい、遊興と物見遊山の旅。さきほど述べたとおり、旅先で誰しもが金銭の対価でもって寝食の提供を享受できるようになったのは、江戸時代の街道と宿場の整備によるところが大きい。現代的な楽しみとしての旅と食の関係へと通じる系譜だが、歩くことを基本としたこの時代の旅は、行く先々で思いがけないできごとが待っている。似たような行程をたどりながらも、立場や目的の違い、ハプニングの有無などで、出会う食の風景も違ってくるのである。

二つ目は一転、古来の苦難の旅の系譜を継ぐ、放浪と冒険の旅。主要な街道に旅人のための商業的な設備が整った時代にあっても、あえてそこを通らず、あるいは事情あって避けざるを得ず、結果として自らを過酷な状況に追い込んでしまうような旅人である。食の提供が約束されない旅路にあっては、自分でこれを持参するか、出会った人に乞うほかはない。遊興の対極ともいえるこうした旅は、柳田がいうところのタビの初源とも重なってくる。

そして三つ目は、海を越えて異郷へと身を投じた雄飛の旅。先の冒険の旅にも近しいが、未知の異国となると、言葉の壁というさらなる困難が加わる。まだ鎖国下にあった時代に心ならずも異国に流れ着いてしまった漂流民や、幕末維新期の海外渡航解禁に背中を押され、新天地を求めて嬉々として海を渡った人たちなど、空間的な越境のみならず、自らの内なる食の観念をも超えて、未知の食と向き合うことになる。

本書では、ここに示した三つの旅のかたちそれぞれに七編ずつ、全部で二一組の旅人を紹介した。もとよりこの分け方は便宜上のものであって、順を追って読み進める必要はない。気になる人物、目についたところから、好きに読んでいただいて一向にかまわない。

ひとつおことわりしておきたいのは、本書が旅先での「食事」や「料理」そのものを、食材や調理法などから解説するものではない、ということである。食よりむしろ旅のありように軸を置き、旅の要素としての食に目を向けた。繰り返しになるが、旅の記録のなかには必ずしも食の詳細な記録が登場するわけではない。ただ、書き残された言葉の連なりの後ろに、その人が目にしたであろう食の風景が透けて見えることがある。それらをたぐりよせることで、旅する人と食とが織りなすものがたりを描き出したいと考えた。

旅も食も、人が生きるために続けてきた基本的な営みである。巨大な産業と化した現代の旅と食からは見えづらくなった、至って単純なこの事実が、本書の旅人たちを通して伝わることを願う。

旅人の食　旅の記録と食風景　目次

III・越境と雄飛

イラストレーション＝中島梨絵
ブックデザイン＝三木俊一（文京図案室）

【凡例】

・本文中に現在では使われていない表現（旧国名・地名）や不適切とされている表現などが含まれていることがあるが、当時の時代状況を考慮してそのまま記載している。

・登場する人物の年齢は、数え年で表記している。

Ⅰ・遊山と紀行

巡見使と歩いた奥州

古川古松軒『東遊雑記』
天明八（一七八八）年

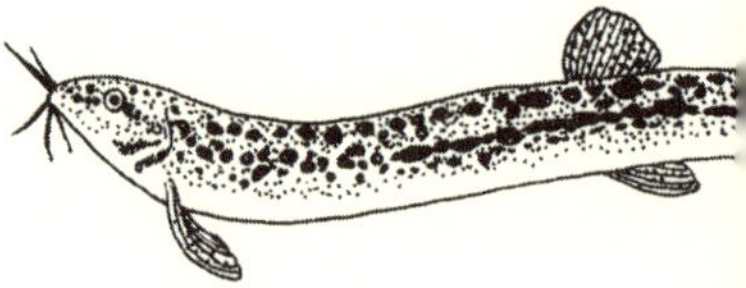

古川古《こ》松《しょう》軒《けん》（一七二六〜一八〇七）は、
備中国新本村（岡山県総社市）生まれ。
旅をよくし、独学で地理や歴史を学んで測量術にも長じる。
五〇歳を過ぎてから著作をものし、
晩年は岡田藩から名字帯刀を許された。
代表作のひとつ『東遊雑記』は、幕府巡見使に随行して、
東北地方から蝦夷地まで視察した際の見聞を綴った紀行文。
このほか、『西遊雑記』、『四神地名録』、
『八丈島筆記』など多数の著作がある。

古川古松軒

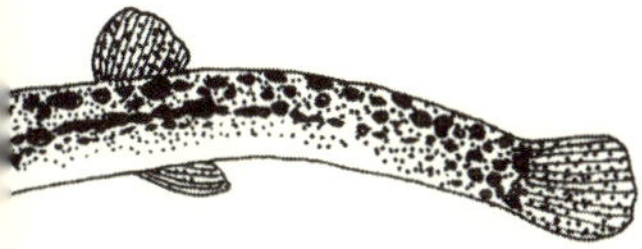

在野の学者・古川古松軒

「巡見使《じゅんけんし》」とは、幕府が将軍の代替わりごとに派遣した地方視察団のこと。在野の学者であった古川古松軒が、どういういきさつでその一団に加わったのかはよくわからない。が、地理に造詣が深く、薬種業や医業の心得もある。そのうえ長旅も経験済みとあれば、随行者として申し分ない。六三歳という年齢も、お上の威厳を示すにはほどよい年回りだ。

「予弱冠のころよりあまねく地理を好んで、遠く他邦に遊びて名称の跡を尋ね、山水のうるわしきを見て塵世の濁りをすましむ」とは、後述する『東遊雑記』の冒頭の言だが、壮年となる四〇代くらいまで、古松軒がどこでどう暮らしていたものか、詳細は定かでない。一時期、京都に身を置いていたことはあったようで、その後地元の備中岡田（岡山県倉敷市）に戻ってからは、薬屋を営みながら博奕に手を出したり、大坂の薬問屋から代金不払いで訴えられたり、いささか破天荒な逸話が残る。博覧強記の人だけに、地方の堅実な商人にはおさまりきらなかったのだろうか。その頃から旅に出始め、数々の著作をものするようになる。

代表作のひとつ『西遊雑記』は、天明三（一七八三）年、五八歳の時。修験者に身をやつし、九州一円をひとりで歩いた半年間の記録である。西の果ての次に目指すは、東の果て。江戸にいる長男のもとに身を寄せながら、機をうかがっていたようだ。念願叶って巡見使の従者に加わり、天明八（一七八八）年五月六日、千住宿から北に向けて出立する。もうひとつの代表作『東遊雑記』は、こうして生まれた。東北から蝦夷地にまで足を延ばした五か月の記録から、古松軒が見た食の風景を追ってみよう。

御馳走役人のもてなし

このときの巡見使は、幕臣三名。それぞれ従者が三〇～四〇人つくので、一行は総勢一〇〇人を優に

図１　「近世名家肖像図巻」より古河古松軒
（出典：国立文化財機構所蔵品統合検索システム https://colbase.nich.go.jp/collection_items/tnm/A-9153?locale=jaを加工して作成）

超える。小国の大名行列にも勝る規模だ。ただし、諸国の実情を見て回るのが目的だから、幹線道を最短で進む大名行列とはわけが違う。村から村へ、まるで巡礼か行商人のような足取りで経巡っている。

巡見使派遣にあたって幕府は、行先の諸藩に対し、道や橋の修繕以外、余分な出費を極力控えるよう通達を出すのが慣例だった。だが迎える側としてはそうもいかず、結局、無理算段して目一杯の準備を整える羽目になる。中にはそれができないという理由で、宿所の提供を断る村もあったほどだ。古松軒もこう書いている。

何方へ行くも御巡見使御馳走役人を出され、その丁寧言語に尽くし難し。(中略)米沢領などにては別して厳重にて、雨ふるにも人足に出でしものども蓑笠を着せず、また煙草を飲まず、通行の道筋、家いえの門戸を閉じ、不浄所を目隠しをなし、止宿または休息所などの亭主は、七日以前より精進潔斎して御馳走し奉る。(中略)しかれども余り敬い過ぎて、和することなきゆえに、不便なる儀多し。言語互いに解し難く、何をいうてもネイネイというて、にげ支度のみするばかりなり。

どこへ行っても御馳走役人が待ち構えていて、丁寧なことこの上ない。米沢あたりは特に厳重で、人足たちは雨が降っても蓑笠をつけず、煙草も飲まず、宿の亭主は七日前から精進潔斎して待っている。道沿いの家々は固く門を閉ざし、中をうかがうことができない。案内人は丁寧だが、何を言っても「ネイネイ（はいはい）」と言うばかりで、要領を得ない――。

つまりは、迷惑なのだ。幕府の役人など来てほしくないのが本音で、なるべく体裁よく繕って、早急に引きとり願う。質問には、用意した答えのほかは、知らぬ存ぜぬでとおす。視察と称するものとそれへの対応は、おおむね今も昔も変わらない。

各地で最上級のもてなしを享受した巡見使一行だが、こと食べ物に関しては、江戸を遠く離れるに従って不満が募ってゆく。

会津の山中で供されるのは、蕨《わらび》・ぜんまい・独活《うど》・山芋。海魚は望むべくもなく、川魚にしても、鯉や鮒、鰻などはなく、赤腹（ウグイ）やカジカなどの見慣れない魚ばかり。塩も不自由、味噌・醤油は苦くて辛い。「大いにこまりしほどのことなり」と閉口している。

時は五月半ば。山菜も渓流の川魚も、ちょうど旬の頃である。現代ならば、鄙びた山あいの風情と喜ばれそうなものだが、こうした野趣あふれる食卓は、一行には受け入れがたいものであったらしい。とりわけ西日本で生まれ育った古松軒にとって、食に限らず、文化全般の基準は上方にあったから、そもそも醤油辛い東国の味に馴染めなかったのだろう。

加えて、言葉である。互いに言うことが半分もわからず、「茶漬け」にしてくれと頼んだのに

「湯漬け」で出され、仕方なく自分で台所に立ったとある。茶漬けはまさに上方文化。一方で湯漬けは、冬場の冷飯用、もしくは非常時をしのぐ救荒策。茶漬けを知らない村人には、さぞや不可思議だったことだろう。
会津一円を巡ること半月、行けば行くほど山深く、出される食事は皆同じ。そこでこんな歌ができた。

飽きし物かじか赤はらまてこ鮠《はや》 山坂たまごわらびどびろく（濁酒《どぶろく》）

松前の繁栄

会津から出羽路をたどり、津軽半島北端の三厩《みんまや》に着いたのが七月一八日。風待ちで一日滞在後、七月二〇日に松前へ向けて海を渡る。津軽藩主が用意した百石積みの御座船三艘、それぞれに引船が三〇艘ほど。御馳走役の船など合わせて約一〇〇艘という物々しさである。水主《かこ》たちの舟歌に送られ、竜飛岬まで来たところで、毛槍や幕など御座船の装飾がすべて取り払われ、代わりに板や苫が張りめぐらされる。「恐れながら…」と置かれたのは多数の杉桶。何かと思えば、船酔い用という。引船は皆三厩に帰り、ここから先は帆を上げて、津軽海峡の荒波を越えるのである。幸い恐れるほどのこともなく、対岸の松前から漕ぎ出してきた引船数十艘に誘導され、無事到着。

まず驚いたのは、整然とした松前の町並みである。天明飢饉で荒れ果てた津軽の村々を経てきた目には、人も家屋も上方風に洗練された松前が、ことさら美麗に映ったものか。東海岸沿いをさらに北上し、江差に着いたところで再び目をみはる。家数一六〇〇軒あまり。浜通りに土蔵が立ち並び、港には大小五〇超もの廻船がひしめく。呉服・酒・小間物などの店も多数。中には近江や越前商人の出店もあるとか。長崎行きの俵物（輸出用の海産物）を扱う問屋もあって、その繁栄ぶりは色里の賑いからもうかがい知れる。

家々の屋根は、寒冷地には珍しい瓦葺き。その

図2 『日本山海名物図会』より「松前昆布」
（出典：国立古文書館デジタルアーカイヴ https://www.digital.archives.go.jp/img/4185260 より加工して作成）

瓦も、上方製の頑丈なものだという。「松前では昆布で屋根を葺いていると聞いていたのに」と、世間に流布する風聞との違いを強調している。

松前の昆布は、宝暦四（一七五四）年刊行の『日本山海名物図会』に記載がある（前頁図2）。海中の石に生え、数丈にも成長したものを長柄の鎌で刈る。これを人家の屋根で干すとある。図を見ると、船の上から鎌をあやつり昆布を刈る人、浜に黒々と並べられた昆布、そして屋根の上にも昆布が。「又家のやねを昆布にてもふく也」とあるので、漁村では現実の光景だったようだ。

特産として名高い昆布のことを、古松軒も興味津々で聞いている。上々のものは長さ二丈（約六メートル）にもなり、厚さがあればなお賞賛される。海に潜って刈るので、熟練者でなければ、その長さに巻かれて命も危ない。ゆえに上昆布は得がたいのだという。

さきの『日本山海名物図会』の続きには、松前の昆布が若狭に運ばれ、かの地で名物となったことが書かれている。その昆布は、若狭から琵琶湖を通って京に行き、だしの料理文化を育てた。さらには大坂で、煮出したあとの昆布を使った塩昆布も開発される。北前船を操る商魂は、名物からさらなる名物を生んだのである。

東北の米文化

一か月ほどの蝦夷地滞在を経て、八月二〇日、一行は津軽半島に戻る。ここから下北半島を巡り、八戸から内陸へ。食事も再び野趣を帯び、豆腐の油揚げに大泥鰌《どじょう》が丸二匹という「御馳走」に絶句しつつ、盛岡、花巻と南下して、三陸沿岸の気仙沼にやって来る。港町が巡見地に組み込まれているのは、視察もさることながら、産物豊かな土地で一息つく意味もあったのだろう。「海辺なるゆえに魚類多し」のひと言に、安堵の色がにじみ出ている。「鰹魚の名所にて、数多取れることゆえに価賤《やす》し」とあって、この頃からすでに、気仙沼はカツオで名が通っていたようだ。

上方との対比から、全編通じて万事酷評ぎみの古松軒だが、その目線が時折逆転するのは、米に言及する時だ。魚に不満はあっても、西日本に比べて「米に不自由はない」というのである。福島では、農家の七~八割が米を常食していることに驚き、山形では、「畳を敷きたる如き田所なり」と目前に広がる水田の美観を絶賛している。旅の終盤に訪れた若柳（宮城県栗原市）も「幾万石もあらんと思うほど」の田園風景。郡名の「登米《とよま》」を思わず「豊米」と書いてしまうほど、印象深い光景だったようだ。

登米周辺は、仙台藩領きっての穀倉地帯。北上川とその支流が網目のような水路を作り、収穫された米は河口の石巻へと運ばれる。ここから大型船で江戸に送られ、仙台本石米の名で流通していた。本石米は、江戸の米消費のじつに三分の一を占め、取引上の価格基準米ともなっていたという。そしてこの米の売り上げが、仙台藩の財政を支えていた。

江戸時代に花開いた江戸や上方の食文化。その江戸も上方も、海路によって奥州各地と結ばれていた。蝦夷地を含む奥州は、鎖国政策をとる幕府にとっての内なる「異国」であり、そことの交易が経済を動かしていた。だからこそ、たびたび巡見使を派遣して、実情の把握につとめたのだろう。

もっとも、好奇心旺盛な古松軒は、御用先ゆえの不自由さに、しばしば涙をのんでいる。これが気ままなひとり旅であったなら、なお精緻な奥州見聞録が仕上がっただろうに、と悔やむのは後世の勝手というもの。六三歳にして数百里を歩きとおし、冷静沈着な観察目で全一二巻の大部な記録を残してくれた旅の達人に、心からの謝意を表したい。

作家が旅した上方

曲亭馬琴『羇旅漫録』
享和三(一八〇三)年

曲亭馬琴

曲亭馬琴（一七六七〜一八四八）は、本名瀧澤興邦。
江戸深川で旗本家用人の家に生まれる。
三〇歳くらいから本格的な文筆活動に入り、
絵草紙や読本、随筆など多数の著作を残す。
『羇旅漫録《きりょまんろく》』は、生涯を江戸に暮らした馬琴による
希少な上方旅行記。
晩年になって失明し、息子の嫁である路《みち》の口述筆記により、
執筆途中だった『南総里見八犬伝』を完結させた。

一生一度の大旅行

曲亭馬琴。『椿説弓張月《ちんせつゆみはりづき》』や『南総里見八犬伝《なんそうさとみはっけんでん》』など、江戸時代の後期に数々の作品をものした戯作者《げさくしゃ》である。原稿料のみで生計をたてる職業作家のはしりともいわれるが、そこに至るまでには苦節十数年。武家の奉公、手習い指南、版元の手代、ははては履物商の後家に婿入りし、糊口をしのぎながら執筆にいそしんだ。

そんな馬琴が、生涯一度きりの上方旅行を決行した。享和二（一八〇二）年、五月九日に江戸を発ち、帰着は八月二四日。三か月半もの大旅行である。

作家としてようやく日の目を見るようになり、一男三女にも恵まれて、心にゆとりもできたのだろう。とはいえ、数えでまだ三六歳、さほど稼ぎがあるわけでもない。ならば長旅の路銀をどうしたのか。帰着後に作品を執筆する約束で、江戸の書肆からいくばくかの援助があったことは想像がつくが、それればかりではなさそうだ。師匠であり、親交も深かった山東京伝に百枚ほどの書画を書いてもらい、これを行く先々で売って旅費にあてたのだという。京伝にすれば、自分の名を諸国に知らしめる絶好の機会でもある。旅立つ馬琴と一緒に神奈川宿まで行き、手厚く見送っている。

そこからは、供の文助を連れてひたすら西へ。その文助も一か月ほどで江戸に帰し、名古屋から先はひとりで、京都、大坂、伊勢へと歩みを進める。精緻な観察眼で綴られた旅行記『羇旅《きりょ》漫録《まんろく》』から、馬琴が食した上方の味をたどってみよう。

街道の遊里

供の文助を途中で帰したのには、わけがある。いわく、「逗留中万事煩しき故なり」。道中のところどころで、馬琴は足を止めている。駿河府中に六日、掛川に五日半、吉田（愛知県豊橋市）に七日、名古屋に一五日。もっとも長いのは京坂で、およそ一か月あまりを京都と大坂での滞在に費やしている。こうした場所には文人仲間がいるので、京伝の作品を売りさばくにも都合がよい。彼らもまた、江戸からやって来る気鋭の作家を大いにもてなそうと待ち構えている。

遠来の客人を案内するのにもっとも適した社交場といえば、遊廓。そこで、しばし滞在して遊興三昧となる。その間、文助はお役御免で所在ない。旅費もばかにならないし、何より、せっかくの旅先でいささか羽根を伸ばしたい、というのが本音だろう。

各地の遊廓は、作家の好奇心を存分にくすぐるものであったらしい。見世《みせ》の設えをはじめ、遊女たちの立ち居振る舞いや言葉遣い、髪型や櫛のかたちまで、念入りに観察して書き留めている。娯楽読物を手掛けていた当時の馬琴とすれば、得難い取材機会でもあったのか、地方色の描写はことのほか豊かだ。駿河府中の遊廓では、花魁詞《おいらんことば》にお国訛《なま》りが混じり、幇間《ほうかん》役は、米屋酒屋の若い衆、もしくは門番の息子の小遣い稼ぎ。「酒硯《すずり》(1)ぶたなどむさくろし」とあって、酒肴の用意も寄せ集めのような代物である。官許といいながら、やはり三都の大楼とは比ぶべくもない。

吉田や岡崎の宿場には、飯盛《めしもり》と呼ばれる女たちがいる。飯盛、すなわち給仕をするという名目で旅宿に置かれた私娼である。馬琴によれば、この飯盛たちはことごとく伊勢の出身で、言葉遣いや髷の結い方も伊勢のそれであったという。飯盛女たちの強引な客引きは、絵図や紀行文などにしばしば描写がある。身一つで街道を流れてきた出稼ぎ娼妓とあっては、なおのこと、逞しさも筋金入りであろう。

旅籠《はたご》一軒につき二人までという条件付きで黙認されていた飯盛だが、馬琴の観察では、吉田や岡崎にはそれぞれ百人あまりの娼妓がいたようだ。制限などあってないようなもので、もはや宿場ごと遊里の体をなしていたといったところか。

もっとも、馬琴は飯盛たちの誘惑に断じて乗らなかったらしい。『羇旅漫録』末尾に列記された「旅中自戒十五ヶ条」なる注意事項に、「いかにすゝむるともめしもりをかふべからず」とある。理由は、一に怠慢、二に病気を恐れてのこと。「怠慢を生ずれば、路用などうせることあり」。几帳面な馬琴らしい、冷静な見識である。

川留と大水

馬琴の旅路を追っていると、圧倒的な存在感でそこかしこに現れるものがある。「川」である。鉄道や飛行機などによる現代の旅では、川を渡るという実感がほとんどないに等しい。ところが、江戸時代の歩く旅では大いに事情が異なる。街道を進めば必ず川に行き当たり、しかも大河には橋がない。渡船か徒歩《かち》渡りが基本で、増水すれば進めないのである。

馬琴が大井川手前の島田宿に着いたのは、五月二〇日(旧暦)。ちょうど梅雨入りしたものか、連日の雨で川留《かわどめ》となっていた。街道筋は、足留めをくらった旅人であふれかえっている。目当ての旅宿も武家の一行に占領され、向かいの商人の家に逗留。飲食だけは、旅宿から取り寄せてまかなったようだ。この川留、宿場にとっては実のところ結構な話でもある。「しばらく江戸に在るがごとし」というほど繁盛していたようだから、まさに恵みの雨。幕府が橋をかけなかったのは、防衛上の問題だけでなく、経済効果をねらった巧みな戦術だったようにも思えてくる。

掛川から秋葉山へと向かう参詣道では、通称四十八瀬（三倉川）なる難所が待っている。雨が降れば蛇行する川沿いの道にも水があふれ、徒歩でこれを渡らなければならない。困ったのは「道中食物乏し」いこと。火伏せの神として信仰を集め、講の参拝でも賑わった秋葉道だが、ひとたび東海道をそれると、食料事情がまるで違っていたことがわかる。

六月二七日、尾張の宮から船で桑名に渡り、石薬師宿（三重県鈴鹿市）に泊まった翌朝から大雨に遭遇。翌二八日の水口宿（滋賀県甲賀市）で、さらに風雨が厳しさを増す。翌朝出発するも、横田川が増水のため渡れない。川端の立場《たてば》（宿場間にある休憩所）の茶屋に泊まろうとしたが、荷持ちの都合がつかず、やむなく水口に引き返す。

この偶然が、命拾いとなった。その晩のさらなる豪雨で、かの立場の家々が流されたというのだ。馬琴の宿は高台にあって難を逃れたが、水口の宿場も水がつき、滞留を余儀なくされる。石部宿に向けて出立したのが三日後の七月二日。そこから京都までの一両日、街道は寸断され、案内を頼んで脇道を行く。その脇道でも、腿まで水につかり、杖をつきつつ這這《ほうほう》の体《てい》である。


ころんでもたゞはおきじとおもふなり大事の命まづひろひつゝ

悠長に歌など詠んでいるが、この時の大雨は、近畿各地に甚大な被害をもたらす大惨事だった。大坂では、被災した農民を道頓堀の芝居小屋に避難させ、米や反物などの施行《せぎょう》がなされた、とある。テレビやラジオのない当時、被災地の実態を克明に記すのも、筆が立つ者の役割だったようである。

納涼の味わい

七月三日、京都木屋町の宿にたどり着く。水難はさほどではなかったようだが、思わぬ天災と交通網の遮断とで、情報収集の傍らしばし滞在となる。

四条の芝居や祇園の料理屋に案内され、初めてふれた都の風情によほど癒されたのだろう。「暫時俗腸をあらひぬ」とある。その味わいにもさぞや感じ入ったに違いない、と思いきや、「京にて味よきもの、麩《ふ》、湯皮《ゆば》、芋、水菜、うどんのみ」と手厳しい。江戸っ子の馬琴には、京の味付け、とりわけ白味噌は、「塩気うすく甘たるくしてくらふべからず」と、その甘さが口に合わなかったようである。田楽にも白味噌をつけるので、江戸の人間にはとうてい食らい難い、と断じている。加えて、「京は魚類に乏しき土地」であることも、鮮魚が豊富な江戸住まいの身には物足りなかったとみえる。

ただし、その不足を補って余りある趣向が、京都の町にはあった。高瀬川沿いの「生洲《いけす》」である。

高瀬川は、江戸時代の初め、豪商角倉《すみのくら》了《りょう》以《い》によって開削された運河である。人と物の往来が盛んになるにつれ、料理屋が立ち並ぶ遊興地となった。『都名所図会』にも描かれているとおり、川に面した座敷の奥に生洲が設えてあり、各種の川魚料理を食べさせる。時節は盛夏。水辺の涼風が心地よい。馬琴も、鰻、鯉、鮎、鮠《はや》などを、苦手の白味噌で堪能している。洪水の驚異の一方で、川に寄り添う暮らしは、こんな憩いや恵みも提供してくれるのである。

四条や二条の鴨川べりには、夕涼みの床几《しょうぎ》が並ぶ。そこに茶屋から酒肴が運ばれてくる。見れば、やはり河原で涼をとる人たちが、三々五々、弁当を携えやって来る。茶屋の高級料理を頼むのは旅人か廓《くるわ》の客くらいなもので、土地の人の楽しみ方はもっと素朴なのだ。どうやら馬琴も、凝った京料理より、竹皮に包まれた握り飯のほうに心惹かれたようである。

図３　『南総里見八犬伝』（第9輯巻之53下）より曲亭馬琴（所蔵：専修大学図書館）

京都には二〇日ほど滞在し、七月二四日、伏見から淀の川舟に乗って大坂道頓堀へ。西横堀川にかかる新町橋で、居並ぶ煮売りの屋台店をひやかすなどするうちに、再び大雨。あわてて京都に引き返す。

それから伊勢を回って帰路につき、再び大井川を渡るのが、八月一九日。行きは川留で散財したが、帰りも雨にたたられ増水。割高な人足を頼み、蓮台(2)に乗る。

大井川これぞ地獄のさかひめも銭はあみだの蓮台でこす

この旅の後、馬琴の筆はますます冴え、流行作家の名をほしいままにする。私生活では、生真面目で酒を好まず、ほとんど外食もしなかったという馬琴。のちに奇想天外な長編小説を生み出した原動力は、江戸を離れ、非日常の時空間に身をおいた数か月の体験にあったのかもしれない。

(1) 口取り肴などを盛る器。もとは硯箱の蓋を用いた。古くは、硯箱の蓋に色紙や花、果物などを乗せた。
(2) 旅人を乗せて川を渡るための台。二本の棒に板を渡し、数人で担ぐ。

女たちの物見遊山

小田宅子『東路日記』安政六（一八五九）年
桑原久子『二荒詣日記』天保一五（一八四四）年

小田宅子
桑原久子

小田宅子《いえこ》（一七八九〜一八七〇）は
筑前国鞍手郡底井野（福岡県中間市）の商家「小松屋」の主婦。
桑原久子（一七九一〜一八五三）は
筑前国遠賀郡芦屋（福岡県遠賀郡芦屋町）の商家「米伝」の主婦。
二人はともに、鞍手郡古門村の神官であり
国学者でもあった伊藤常足の門人で、
五〇代初めの天保一二（一八四一）年、閏《うるう》正月から
五か月間かけて数人の友人らとともに
八〇〇里もの大旅行を遂行し、旅日記を残した。

福岡発、東国への大旅行

天保一二（一八四二）年閏正月一六日、というと、現在の暦では春の陽もうららかな三月上旬である。早朝、筑前の遠賀川河口にある芦屋（福岡県遠賀郡芦屋町）の通称「岡の湊」から、船に乗り込む一行があった。中年の女四人に男が三人。女たちは、筑前では名の知れた国学者であり歌人でもある伊藤常足《つねたり》の門下で、いわば歌詠み仲間。男たちは荷持ちを兼ねた従者である。

旅を計画したのは、芦屋の裕福な商家の妻、桑原久子（五一歳）。遠賀川を少しさかのぼった底井野（福岡県中間市）の、やはり豪商の妻である小田宅子《いえこ》（五三歳）を誘い、さらに二人の仲間にも声をかけ、まずは伊勢をめざして出立した。

赤間関《あかまがせき》（下関）から船を乗り継ぎ、安芸の宮島、讃岐の金毘羅宮などを参拝しながら東進し、明石、大坂、奈良、吉野を経て、伊勢に着いたのが三月九日。外宮御師(1)の高向《たかぶく》二頭大夫邸に数日滞在し、朝熊山《あさまやま》や二見浦などに足をのばしたのち、一行は「さて、…」と考える。とりあえず、目的の伊勢参りは果たした。これからどこに行こうか――。なんとも悠長な旅である。ひとりが「もっと東の方まで行きたい」といえば、また別のひとりが「いや筑前に帰りたい」という。意見が割れ、相談の末にまとまった結果は、「善光寺にお参りに行こう」であった。

それからが長い。参宮街道を北上し、熱田神宮に詣でてから中山道へと歩みを進め、善光寺到着が三月二六日。ここに来るまでに決めていたのだろうか、一二日後には日光の二荒山《ふたらさん》神社めざして旅立っている。日光から江戸に出て、鎌倉、甲府、上諏訪、岡崎を経て京都に入るのが五月中旬。淀の川舟で大坂に下り、瀬戸内海を西に進んで芦屋に帰ってきたのは、六月一一日だった。

約五か月、八〇〇里（約三二〇〇km）の大旅行である。しかも女の足で。現代ならばさしずめ世界一周旅行といったところだろうか。どれくらいの費用がかかったものか気になるが、久子が書いた『二荒詣日記』にも、宅子の『東路日記《あずまじのにっき》』にも、そのあたりは書かれていない。おそらく、一人あたり一〇〇両は下らないだろう。江戸時代後期の三都（京都・大坂・江戸）の事物や風俗を詳細に記した喜田川守貞の『守貞謾稿』によれば、この頃の江戸の商家の下僕の給金が年三両だったというから、相当な額であることは確かである。

伊勢参宮を名目にした周遊型の旅は、江戸時代後期に盛んになった全国的な現象である。多くは村で講(2)を組織してお金を出し合い、代表者がそれを持ってお参りに出かける。伊勢講の場合、構成員はほとんどが家の戸主、すなわち男性で、講の代参といえば、今でいうなら公費での出張のようなものである。一方、女は概ねこうした講と代参のシステム外にあったから、自力で費用を捻出しなければならない。にもかかわらず、女の旅人は相当数いた。たくさん残された旅日記や、浮世絵、名所図会などからそれがわかる。記録には残りにくいが、女にはそれなりの経済力があったのである。ただし、いつでも旅が許されるわけではない。結婚後、出産、子育てを終え、懐具合も豊かな隠居世代になって初めて、女たちは思い切った旅に出た。中高年こそが、女の旅の適齢期だったのだ。

「かれいひ」を食べながら

とくに宅子の日記の中で、頻繁に目にする食べ物がある。「かれいひ（乾飯）」である。米を蒸して乾燥させた保存食で、万葉集にも登場するほど古くからある。簡便な携帯食であり、行軍の際にも重宝された。水や湯でふやかして食べる。

彼女たちが旅した江戸時代には、街道が整備され、行く先々に宿場や茶店があって、お金さえ払えばいくらでも食べ物が手に入ったはずである。しかも、今流に言うならセレブな奥様方の旅に、乾飯《かれいい》持参とはどういうことなのだろう。

不思議に思いながら読んでいて気がついた。「しのび〳〵の旅路」とある。彼女たちの旅は、長途の旅には必携の通行手形を持たない「抜け参り」だったのだ。

女の旅には、男の旅にはない煩わしさがいろいろあったが、その最たるものは、関所での厳しい改めである。通過するすべての関所に通行手形が必要とされ、記載事項のわずかな不備でも足留めをくらう。結果、旅の隆盛に伴って、これを避ける抜け道がおのずと発達した。遅くとも一八世紀半ばの宝暦・天明期には、「女かくれ道」などと呼ばれるそうした抜け道が各地に開けていたという。

幕末に近くなると、関所はもはや形骸化し、非合法の関所抜けがあからさまに行われるようになる。関所に近い宿場には抜け道の案内人までいて、一種の街道稼ぎにもなっていた。そもそも、伊勢参宮には、若者や奉公人たちによる無手形の旅の習慣があった。「抜け参り」と呼ばれ、柄杓ひとつ持って喜捨を受けながら伊勢をめざす。これが時に「おかげ参り」という大規模な群参行動へと発展することもあった。こうした無手形の旅を容認する風潮が、制度上違法にあたる関所抜けを慣例化させる背景にもなっていたのだろう。

関所を迂回するための抜け道は、たいていが険阻な山道である。そうしたところには、茶店はおろか、ひとときの休息を乞う民家すらないこともある。宅子の日記には、アップダウンの激しい山道に苦心惨憺《さんたん》する場面が幾度も登場する。たとえば、箱根、新居と名だたる関所が続く東海道を避け、信濃から遠江へと山中を抜けていく途中のことである。かろうじて峠を越えた先には人家もなく、荷物から乾飯と塩を取り出して食べた、とある。歩く旅を基本としたこの当時、一日で進む距離はせいぜい四〇〜五〇km。その間に食べ物にありつけなければ、たちまち行き倒れの危機に直面するのだ。抜け道を通ることを前提とした旅では、食料持参が必須だったのである。日持ちがして、持ち運びも便利な乾飯は、旅のインフラが整備された江戸時代にあってもなお、伝統的な旅の食であった。

そうした実用面もさることながら、いかにも歌詠みらしいこんな場面もある。善光寺参りの翌々日、日光をめざして雨の中を出発した宅子の一首。

　　たびにしてほとびにけるかほろ〳〵となけばなみだのかゝるかれいひ

『伊勢物語』の有名な一場面、「かれいひの上に涙おとしてほとひにけり（乾飯の上に涙が落ちてふやけてしまった）」を意識した歌であることは一目瞭然だ。彼女たちの旅は、日ごろテキストとしている古典をたどる旅でもあった。乾飯は、いにしえの旅人に思いを馳せるうえでも恰好の小道具だったに違いない。

商品化された乾飯

彼女たちが持参した乾飯の形状がいかなるものだったかは、残念ながら日記から読み取ることができない。ただ、同じ時代に東海道筋で売られていた乾飯に類する携帯食があるので紹介しておこう。「瀬戸の染飯《そめいい》」として知られる名物である。

東海道の島田宿と藤枝宿の間の瀬戸山周辺で、もとは祝いの際に食されていたものが、茶店で売られるようになって名物化したという。その名物化も、『信長公記』に「瀬戸の染飯とて皆道《かいどう》に人の知所也」とあるから江戸時代以前のことだ。「染飯」の名の所以は、クチナシの実で鮮やかな黄色に染め上げたことによる。クチナシは漢方の山梔子《さんしし》で、消炎・止血・解熱などの薬効がある。こんなとこ

図４　『東海道名所図会』（1797年）より「名産瀬戸染飯」

ろも旅人に喜ばれたのだろう。

『東海道名所図会』（一七九七年）には、「名産瀬戸染飯」と題して絵入りで紹介されている（前頁図4）。小さな茶店の奥でおこわを炊く老婆が一人。店先の四角い箱に「瀬戸染飯」がずらり並べて売られている。「強飯《こはいい》を山梔子《くちなし》にて染めて、それを摺りつぶし、小判形《なり》に薄く干し乾かしてうるなり」という説明文にあるとおり、形は薄い楕円形であった。黄色の小判形とはなかなか心憎い演出だが、ともかくも、かさばらず、持ち運びに便利なのは確かである。

江戸時代の風俗習慣を記した『嬉遊笑覧《きゆうしょうらん》』（喜多村信節著、一八三〇年）には、歌人の烏丸光広が詠んだというこんな歌も紹介されている。

つくづくと見てもくわれぬ物なれや口なし色のせとの染いひ

珍しくはあるけれども、食べるにはいささか抵抗を感じる、といったところだろうか。やはり乾飯は、ひなびた山中の非常食にこそふさわしいのかもしれない。

グルメよりもショッピング

久子も宅子も、旅先の食事については、乾飯以外にこれといって書いていない。日記とはいえ、歌集を兼ねた文芸作品だから、日々の食事のような現実的な話題は興をそぐということなのかもしれない。

その一方で、目を引くのが買い物である。宮島の楊枝、児島の真田《さなだ》紐、奈良の墨、稲木の煙草入れ、朝熊《あさま》山の万金丹、上田の紬、江戸の竹屋絞り、鳴海絞り…。いずれも名物として知られるものばかりで、あげればきりがない。江戸日本橋の越後屋で江戸紫の布地を買っているのは、さながらパリのエルメスでスカーフを買うのと同じ心境だろう。名所見物と買い物がセットになっているのである。食べ物の名物で登場するのは、草津のうばがもちくらいであることを考えると、どうやら彼女たちの興味は、食べることよりも買い物の方に注がれていたらしい。芝居見物にも熱心で、江戸では新吉原の昼見世まで見物している。憧れの役者や太夫を間近に見て、さぞや夢心地だったに違いない。

こうしてみると、乾飯持参は、実のところ節約のためだったかとも思えてくる。実際に、山中の抜け道以外でも、けっこう乾飯で過ごしていたりするのである。長旅で散財しては元も子もない。ここはひとつ、食べる方はつつましく…といったところか。さすが商家のおかみさん、このあたりはしっかりしている。

けふはとてぬぐやしなのぢあづまぢのはなにもなれしたびのころもを

梅のつぼみがほころぶ頃に旅立ってから、桃、桜、山吹、杜若《かきつばた》、つつじと、花を愛でながらの長い旅路を終えた、宅子の歌である。無事に帰った安堵とともに、名残惜しさが伝わってくる。過ぎてみれば、山道をゆく心細さもまた、旅の一興なのである。

ちなみに、この小田宅子という人は、俳優の高倉健さんの五代前のご先祖様であったそうだ。高倉さんの回想によると、なぜか善光寺に心惹かれて毎年足を運んでいたところ、宅子の日記を掘り起こした研究者の前田淑さんから教えられ、驚いたのだという。高倉さんを善光寺に導いたもの。それはまぎれもなく「旅の遺伝子」なのであった。

（1） 御師は下級神官の一種で、「御祈禱師」の略とされる。参詣者に代わって祈禱したり、檀那場を回って布教と初穂料の集金を行ったり、参詣者の宿泊や案内を担った。
（2） 特定の寺社への信仰で結びついたグループで、参詣や寄進を目的とする。多くが地縁で結成され、互いに金銭を融通し合う相互扶助的な仲間でもあり、講で田畑を所有することもある。

街道の茶店と名物

鍋屋嘉兵衛「諸国参詣道中日記」
天保一五（一八四四）年

鍋屋嘉兵衛

鍋屋嘉兵衛は、安房国和田（千葉県南房総市和田町）の商人。
天保一五（一八四四）年三月から五月にかけて、
商人仲間一六人とともに伊勢参りの旅に出た。
その旅の記録として書かれた「諸国参詣道中日記」には、
旅先でのさまざまな見聞とともに、旅籠や茶店での
食事が軽妙な筆致で詳しく綴られている。

商人仲間の伊勢参り

二〇一二年、かつて勤めていた館山市立博物館から、ずっしり重い郵便物が届いた。封を開けると、表紙に「鍋屋嘉兵衛の道中記」と書かれた分厚い報告書が現れた。博物館の古文書教室の有志によるサークル「城山古文書会」メンバーが、およそ一〇年の歳月をかけて完読した旅日記の翻刻・解説を刊行したのだという。

鍋屋嘉兵衛という人は、安房国和田（千葉県南房総市和田町）の商人で、近隣地域の仲間一六人と連れ立って天保一五（一八四四）年三月二日から五月一五日まで、七五日間の旅をした。伊勢参りから奈良・大坂を経て讃岐の金毘羅参りをし、京都に戻って善光寺・日光にまで周遊するという、大がかりながらも当時としては関東方面からのお決まりの旅のコースだ。ところが、読んでみて驚いた。道中の食事、それも茶店での昼食がまめに記録されている。十返舎一九の『東海道中膝栗毛』さながら、軽妙な筆致のエピソードもそこここにちりばめられていて、旅程のみを淡々と記録した一般的な旅日記とは一味も二味も違う。地方には、こうした旅日記の逸品が時折残されているからおもしろい。

嘉兵衛がどんな商売をしていたのかはわからない。が、明治初期の次の代では村の戸長をつとめたというから、それなりの分限者だったのは確かだ。旅に出たのは推定で四〇歳頃。家や村を背負う年代ということもあってか、旅先の情報を残さず吸収しようという貪欲さが、筆運びにもにじみ出ている。そんな商人仲間の愉快な道中を、食風景から紹介しよう。

昼食は一膳飯

鉄道開通以前、房総半島南端の安房地方からの旅立ちは、たいていが船に乗ることに始まる。陸路より、そのほうが便利だからだ。嘉兵衛たちも、那古《なご》（館山市）で仲間と落ち合い、そこから浦賀まで船に乗っている。うららかな春の日の午後、風向きも上々で、およそ三時間の江戸湾クルーズである。その晩は浦賀泊まり。翌日には横須賀、金沢と船を乗り継いで、鎌倉を見物。三日目に藤沢から東海道に入った。

「この国の街道には毎日信じられないほどの人間がいる」と驚いたのは、一七世紀末に日本に滞在していたドイツ人医師ケンペルだが、東海道では江戸時代を通じてそれが常態であった。嘉兵衛たちも、さっそく馬入川《ばにゅう》（相模川）の川渡しで街道の混雑に直面する。尾張徳川家の大名行列とかち合ってしまったのだ。総勢二〇〇〇人、すべて渡り終えるまで当然ながら足留めである。四つ（午前一〇時）から延々待った末に、ようやく渡ることができたのが八つ半（午後三時）。大磯の茶店に駆け込んで、遅い昼食にありついたはいいが、一七人の男衆の胃袋に足るだけの飯がない。近所の旅籠《はたご》からかき集めてもらい、なんとか人心地つく。皮肉にもこの茶店の屋号は尾張屋。そこで詠んだ一句が、「中喰におくれて皆が大磯へは入《いり》て見れはめしは尾張や」。トラブルもまた、旅の一興である。

茶店での昼食に頻出するのが「一膳飯」、文字通り碗に盛りきりの飯である。たとえば、身延山手前の南部（山梨県南巨摩郡）で「一せんめし代拾弐文、おかすハ牛房ノ二ツ割にしめ、三本づつ皿ニ盛、是も十弐文」とある。いささかわびしい気もするが、一膳飯にちょっとした煮物、あるいはうどんなどを組み合わせるのが、道中ランチの定番であった。ただし先の南部での昼食は、しめて二四文のはずが、払った代金は四四文と微妙に誤差がある。他の場所でも、昼食代はおおよそ七〇〜八〇文。飯とおかずだけにしては割高だ。

理由は、おそらく「酒」だろう。名所図会などをみると、旅人はじつに頻繁に茶店で酒を飲んでいる。嘉兵衛も下戸ではなさそうだから、茶店の食事には酒がつきものだったと考えてよい。

昼日中から…と眉をひそめてしまうかもしれないが、ここはひとつご容赦を。煩わしい日常からの解放感はもちろんのこと、ほどほどであれば酒には疲労回復の効能がある。歩く旅を支える必需品でもあったのだ（図5）。

しかし、旅の後半になると状況が変わってくる。宿で弁当（といっても握り飯程度）を持たせてもらい、茶店で注文するのはおかずだけ。長旅で懐がすっかり寂しくなってしまったようだ。二四文の橋銭（通行料）を一〇文に値切る場面も出てくる。行きの東海道と帰りの中山道とでは、物流事情も違うのだろう。昼間の酒は姿を消している。極めつけは、大井（岐阜県恵那市）での昼食。宿から持参した弁当に「おかす、ならつけこうの物五切ニて八文」。この道中でもっとも廉価な外食である。

図5　『東海道中膝栗毛』に描かれた茶店での昼食風景。看板に「一ぜんめし　にしめ」と書かれ、真ん中の男（喜多八）は銚子の酒を茶碗についでいる。
（出典：国立国会図書館デジタルコレクションより https://dl.ndl.go.jp/pid/879112（参照 2024-10-04））

宿もいろいろ

歩く旅は移動の毎日だ。二か月半の道中、連泊は伊勢や京都、大坂など数か所だけで、泊まった場所は六三を数える。そのほとんどが、一六〇〜二〇〇文程度のオーソドックスな旅籠。すべて朝・夕の二食付きで、場合によっては昼の弁当も持たせてもらったことは先述のとおりである。

商人ならではの観察眼からか、嘉兵衛の旅籠評は「宿甚タ悪しく食べ物まずし、はたご高直《こうじき》」などと全般に辛口なのだが、稀に称賛しているところもある。そのひとつが大坂の平野屋だ。間口五間（約九m）に奥行き三〇間（約五四m）、一〇〇余りの部屋があり、下女、手代、湯番、飯炊き、髪結いまで雇い入れ、「何事もかかりかかり手くばり能《よき》、珍敷《めずらしき》宿也」とある。それでいて値段は二〇〇文とリーズナブル。江戸時代後期の風俗習慣が記された『守貞謾稿』などによれば、元髪結いの平野屋佐吉が、長堀橋で文化年間（一八〇四〜一八一八）に始めた新興の旅宿で、一〇〇〇人もの客を泊める大旅館であった。金毘羅参詣の船宿にもなっていたので、昼夜を問わずたいへんな繁盛だったようだ。嘉兵衛たちのような一般客以外に、高価な宿泊料の上客も多く、そういう人たちには、特別な膳椀類や夜具などが用意されたという。嘉兵衛一行はここに二泊し、道頓堀の芝居のほか、平野屋の案内人を頼んで大坂市中を見物して回っている。

中山（兵庫県宝塚市）の若戎子屋佐五兵衛も、評価が高い。平野屋が都会の大型旅館なら、こちらは田園の中の奥座敷といった風情である。茅葺屋根の離れが五棟、広い敷地内には庭園や池が造られ、山から流れ落ちる川も美しい。料金は、二食に弁当付きで二匁五分。さらに一五〇文で酒肴などが望み次第。他の旅籠と比べてかなりの高値だが、「大いに安し」というのだから、いかに見事な設えだったかがうかがえる。

対照的なのは、内房村《うつぶさ》（静岡県富士宮市）の宿。別行動の五人で身延山に向かう途中、山道で行き暮れて、民家に一宿一飯を乞うている。ところが、夜具はなく、隅にゴミがたまった膳に、煮崩れた里芋、塩辛い汁、茶渋で汚れた碗の茶漬けと、食欲をそがれるようなものばかり。ちょうど村の寺院で千部読経の法会が営まれ、集まった人たちに提供した残り物だったようだ。宿代は、五人で金二朱。一般的な旅籠一泊分とそう変わらない。旧家らしい立派な屋敷構えだが「此内（家）之嫁子、顔ハきれいなれ共、足ハあかぎり（アカギレ）だらけ成」とのこと。辛辣ながらも、どこかそれを楽しんでいる風の嘉兵衛である。

「見せる」名物

現代とは輸送事情の異なる江戸時代、名物は、その場でしか食べることができないものだった。

とはいえ、出版物などの情報は豊富だから、旅人は皆どこにどんな名物があるのか知っている。それだけに、なんとか客足を逃すまじと、売る方も必死である。

たとえば桑名の焼蛤《はまぐり》。嘉兵衛も「桑名銘（名）物出張小屋ニて焼うり居」と書いているとおり、往来に火床を据え、団扇であおぎ立てて焼いて見せる。日本一の饅頭屋だという大坂「とらや」の店内では、「壱間四方台ノ上ニ、七八人づつ廻りならび、まん中《じゅう》をこね居る」。これを見た群衆が、我先に買おうと押し合いへし合いになったとある。

各地の名物には、こうした「作って見せる」式の売り方がつきものだったようだ。名所図会など見ても、目川の田楽や走井の餅など、往来に面した表部分にあえて名物を製する設備が置かれている。煙や匂いにつられ、あるいは貴重な砂糖をふんだんに使った甘い菓子に引き寄せられ、旅人の足がつい止まってしまうのもうなずける。

視覚、嗅覚に訴えるだけでは足りないところもあったようだ。須磨の名物「敦盛そば」では、茶店の前に若い衆が数人立ちふさがり、「名物あつ（敦）盛そば上りませ、熊谷茶椀あつもりニて、壱盃十六文、したじハよし（義）経、酒ハ壱盃のめば顔者《は》弁慶」と口上を述べたてる。あまりの強引さにさすがの嘉兵衛も腹を立て、そばも食べずに素通りしたというから、過剰な客引きはやはり逆効果なのであった。

さて味のほうは、というと、先の焼蛤は「誠ニまづし」、三輪で食べたそうめんも「名物成共大気ニまづし」。味覚は主観だから、単に嘉兵衛の口に合わなかったということだろうが、「名物に旨い物なし」のことわざどおり、評判が過ぎると期待はずれの感もそれだけ大きいのかもしれない。さらなる酷評は、信州善光寺の手前にある猿ヶ馬場《ばんば》峠の名物、柏餅。不味い上に色が真っ黒、しかも婆さん連中が売っていて「はん場《馬場》之柏もちならで、ばあばあ《婆々》の柏餅なり」と散々だ。

柏餅の名物は数あれど、「猿ヶ馬場の柏餅」といえば、歌川広重の『東海道五拾三次』（一八三四年）にも描かれるほど有名だ。ただしこれは、遠州（静岡県）の猿ヶ馬場。場所がまるで違う。と、ここでひとつの疑念が頭をもたげる。同じ地名を利用して名物に仕立てたのではあるまいか――。あくまでも推測だが、そうだとするなら、街道稼ぎの婆さんたちは、いかにも商魂たくましいやり手なのであった。

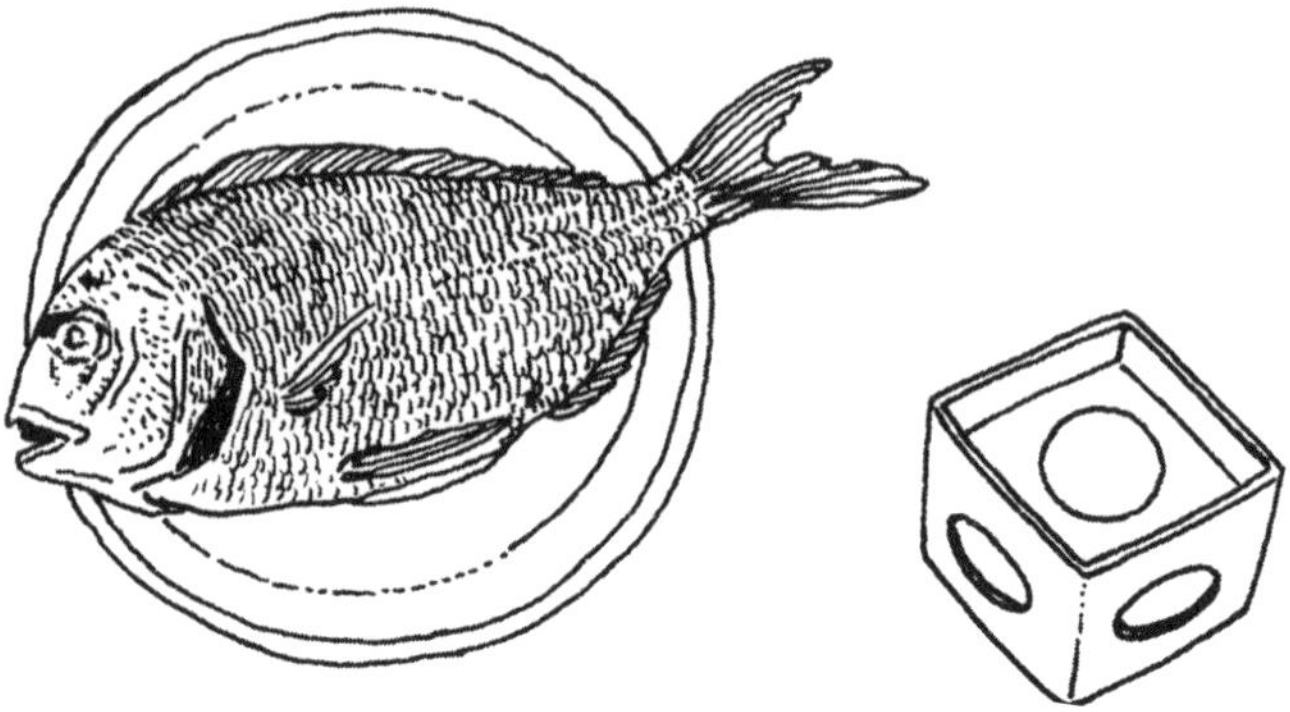

食道楽の伊勢参り

讃岐国志度ノ浦講中『伊勢参宮献立道中記』
弘化五（一八四八）年

讃岐国志度ノ浦講中

『伊勢参宮献立道中記』は、讃岐国志度ノ浦(香川県さぬき市)の講仲間の一人(氏名などは不明)が記した旅日記。講による伊勢参りの記録は全国各地に多数残されているが、志度ノ浦講中によるこの記録は、およそ二か月の旅中、毎日の食事が詳細に書き残された異色の旅日記となっている。

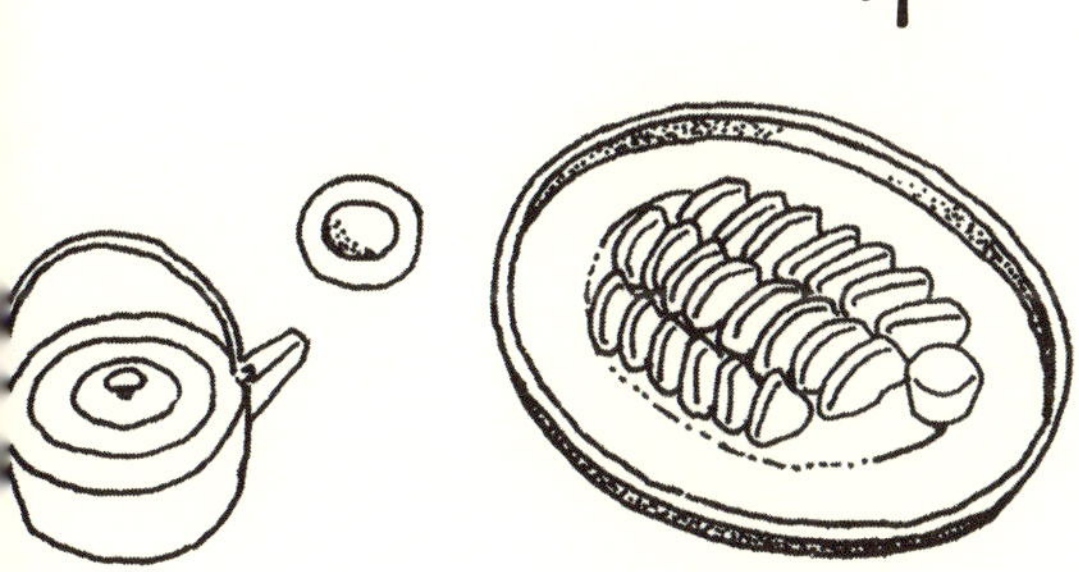

「美し国」への旅

少し遡った話になるが、二〇一三年、第六二回伊勢神宮式年遷宮が古式にのっとり遂行された。九年もの歳月をかけて準備された二〇年に一度のお祭りとあって、この年の参拝者数は、統計を取り始めてから最多となる一四二〇万人あまりを数えたという。伊勢神宮は、古くから我が国有数の旅の目的地であり続けてきた。ここ数年のコロナ禍で減少したものの、二〇二三年の参拝者数は七〇〇〇万人を超え、順調な回復を見せているようだ。

『日本書紀』には、伊勢の地が「美《うま》し国」とある。海の幸、山の幸が豊富で、静かな波が幾重にも打ち寄せ、心安らぐ場所――。だからこそ、天照大御神はここに鎮座することを望んだというのだ。伊勢神宮を紹介するニュースや旅番組などでも、テレビ画面に映し出される美しい景色やおいしそうな伊勢名物の数々に、旅心を刺激される人も少なくないのではなかろうか。

伊勢参りが隆盛となった江戸時代には、たくさんの旅人が旅日記を書き残している。これらには、泊まった場所、休息した茶店、見物した名所など、行く先々の情報が細かく記録されているが、それは多くが講の代参など村を代表してのいわば出張だからだ。次に行く人が参考になるような、ガイドブックの役割も期待されていたのである。ところが、ここに書かれる食べ物は、というと、土地の名物はあるものの、日々何を食べたかまでは、ほとんどの場合記されることはない。食はあくまで個人的な体験に留まるということか、あるいは単に面倒だからか。

そうした中で異彩を放つのが、ここに紹介する『伊勢参宮献立道中記』。讃岐国志度ノ浦（香川県さぬき市）の講仲間二〇人が、弘化五（一八四八）年に伊勢参りをした折の記録である。二〇人の中の誰が書いたのかはわからない。が、よほど食に関心の高い人物だったようで、三月四日の出立から五月九日に帰宅するまでの約二か月、行く先々の食事を実にまめに書き残している。旅程は、伊勢・大坂・奈良・京都・近江・兵庫などの近畿一円。大坂と兵庫で砂糖問屋の世話になっていることから、讃岐の砂糖商人仲間ではないかとも伝えられている。なるほど、そういわれれば、三度の献立をこまごまと記録する執念にも納得がいく。食道楽に加え、芝居見物や遊廓登楼など、旅の内容もなかなかに豪勢である。裕福な商人のグルメ旅。その一端を以下に見てみよう。

旅の楽しみは魚

三月四日、一行は讃岐の志度ノ浦を出航した。ここから瀬戸内海を渡って大坂で下船するのが一三日。さほどの距離でもないのに一〇日ほどかかっている。どうやら天候が思わしくなかったようだ。ただしそれも一興で、風待ちで立ち寄った淡路島では、土地の言葉で「べいすけ」と呼ばれる大アナゴを味噌汁や付焼でいただき、大坂の木津川河口で停船中に、モダマ（サメの一種）の砂糖炊きなる料理を賞味するなど、さっそく珍味を堪能している。

それからも、行く先々で魚料理が待ち受けている。大坂では鰆の付焼や鯛の潮《うしお》煮、松坂ではカレイや鯔《ぼら》の煮物、志摩の二見浦ではメバルの焼物、琵琶湖を望む石山寺の近くでは、鮎の煮付けに源五郎鮒の煮付け、京都では鱧《はも》の酒煮や付焼、帰る間際の兵庫浦では新鮮な小海老と、その土地ならではの魚が膳に上る。唯一、大和を横断する五日間ほどは精進物が続き、このあたりは魚が少ない、とこぼしている。というのも、魚は大坂や堺から運ばれるためで、「大坂よりは行程十一里ばかりもあれば、其のはづの事なりき」とある。かつて行商人が魚を売り歩いていた頃、その範囲は十里四方というのがおおよその目安だった。一一里といえば約四三km。車社会の現在ではどうということもない距離だが、徒歩であれば日帰りがやや厳しい。そうしたところには鮮魚が届きにくく、たいていが祭りや特別な行事の時に限って塩干物を入手するのである。

この当時、ほぼ毎食、種類を変えて魚料理を食するなどということは、いくら豊富な魚介類に恵まれた志度ノ浦出身の著者といえども経験がなかったであろう。土地が変われば魚も変わる。旅という非日常の時空間だからこそ、こんな贅沢も許されるのである。

御師のもてなし

三月二五日、松坂を出立した一行は宮川を渡り、中河原の宿に入った。髪結いを頼んで月代《さかやき》を剃ってもらい、身だしなみも整えたところで、明日はいよいよ伊勢神宮である。夜になって、蒸菓子（まんじゅう）が人数分、宿に届いた。翌日から世話になる御師の岡田大夫からである。一行が到着するや、宿から即座に知らせたようだ。

翌日、御師の手代がやってきて、三方に載せられた金の盃で酒を酌み交わしたあとに饗応となり、一行からは神楽奉納の初穂料が手渡される。その額、三〇両。加えて手代や家族、茶屋への心づけなどが締めて五両ほどだから、かなりの大金である。お返しに、菓子のほか、重箱と大鉢の料理に塗の酒樽二つを受け取って、この日はお開き。これだけでも大層なもてなしに思えるが、さらにその次の日からがすごい。

朝食を済ませ、手代の案内で全員が駕籠《かご》に乗り、まずは二見浦見物へと出立。二見の宿屋で酒宴ののち、再び駕籠で伊勢神宮内宮へと回る。内宮と八十末社を参拝すればもう日暮れで、五つ(午後八時)頃に外宮近くの御師邸に到着。裃《かみしも》姿の御師自ら迎え出て、酒礼ののち、本膳、二の膳、引物と続く。全員に揃いの絹の夜具が用意され、床に就く。

翌朝、まずは外宮を参拝。それから御師邸に戻って神楽奉納である。現在は神宮の神楽殿で執り行われる神楽だが、江戸時代には各御師邸内の神楽殿で奉納されていた。そもそも、伊勢神宮には私幣禁断の大原則がある。個人が勝手に祈願してはならないのである。そこでその仲介をする御祈禱師、すなわち御師が重要な役割を果たすというわけだ。江戸時代の中期には、内宮・外宮あわせて七〇〇人もの御師がいたといい、全国各地からやって来る参拝者の世話をした。

さて志度ノ浦講の一行は、入浴して身を清め、旅装束から裃へと衣服も改める。このためにわざわざ裃を持参したのかと思えば、それは代表者だけのことで、講中の面々はレンタル。至れり尽くせりだ。老女の舞に始まり、御師の祝詞《のりと》、さらに各種の舞や儀式など、一連の太神楽に要する時間は約四時間。結構な長丁場である。七つ(午後四時)頃に終わり、御師の挨拶と酒礼の後、座を改めて饗宴となった。

本膳に始まり、最後の干菓子までなんと一一膳。これだけでも驚くが、伊勢海老、鶴、鯛といった高級食材のオンパレードには目を疑う。鶴など、将軍や大名の食膳でしかお目にかからないものではないか。金銀の大盃でいただく御神酒もさぞかし進んだに違いない。前夜と同じく揃いの絹の夜具が用意され、「熟酔に及び衆人前後を知らず伏す」とある。大名気分とはまさにこのことだ。〽伊勢へ行きたい伊勢路が見たい　せめて一生に一度でも…という伊勢音頭の一節も、なるほど、とうなずける。

舞台芸としての伊勢音頭

その伊勢音頭は、全国的な広がりをみせる民謡のひとつで、もとは川崎音頭という伊勢地方の盆踊り唄だったのを座敷芸に作り変えたものとされる。江戸時代後期に伊勢の古市界隈で盛んに歌われ、訪れた参拝者が地元にこれを持ち帰ったことで各地に広まった。

古市とは、伊勢神宮の内宮と外宮のちょうど真ん中あたりに開けた官許の遊廓である。天明年間（一七八一〜一七八九）の記録では、人家三四二軒のうち妓楼七〇軒、大芝居二場という大遊廓街を成していた。妓楼の中には名の知れた大楼が複数あり、そうしたところで上演される伊勢音頭が参拝者にたいへんな人気だった。

例に違わず志度ノ浦講の一行も、神宮参拝と神楽奉納を粛々と済ませた翌日には、油屋という大店に伊勢音頭見物に出かけている。その次第はこうである。

「音頭の間」なる二〇畳ほどの座敷に案内され、毛氈《もうせん》の上に座る。前には鼓形の器が置かれ、店の紋が入った菓子が盛ってある。座敷正面から右手にかけて廻り縁があり、奥には簾《すだれ》がかかっている。やがて唄が始まり、簾が上がるや、八角形の提灯が七つ、針金仕掛けで現れ欄干が起き上がる。白昼のように煌々と照らされた舞台には華やかな幕が張りめぐらされ、揃いの着物を着た遊女が一七人登場し、唄にあわせて踊る。演奏は、琴一、三味線四、胡弓一の六人。唄も大方終わったところで踊り手たちは幔幕の陰へと消えていき、簾が一斉に下りて終演となる。

　伊勢音頭は、もとは妓楼での敵娼《あいかた》選びの一手段だった。古市の妓楼には江戸の吉原のような張見世がなく、客が来ると遊女たちが二〇人ばかり出迎えて酒宴となり、三味線に合わせて唄と踊りが

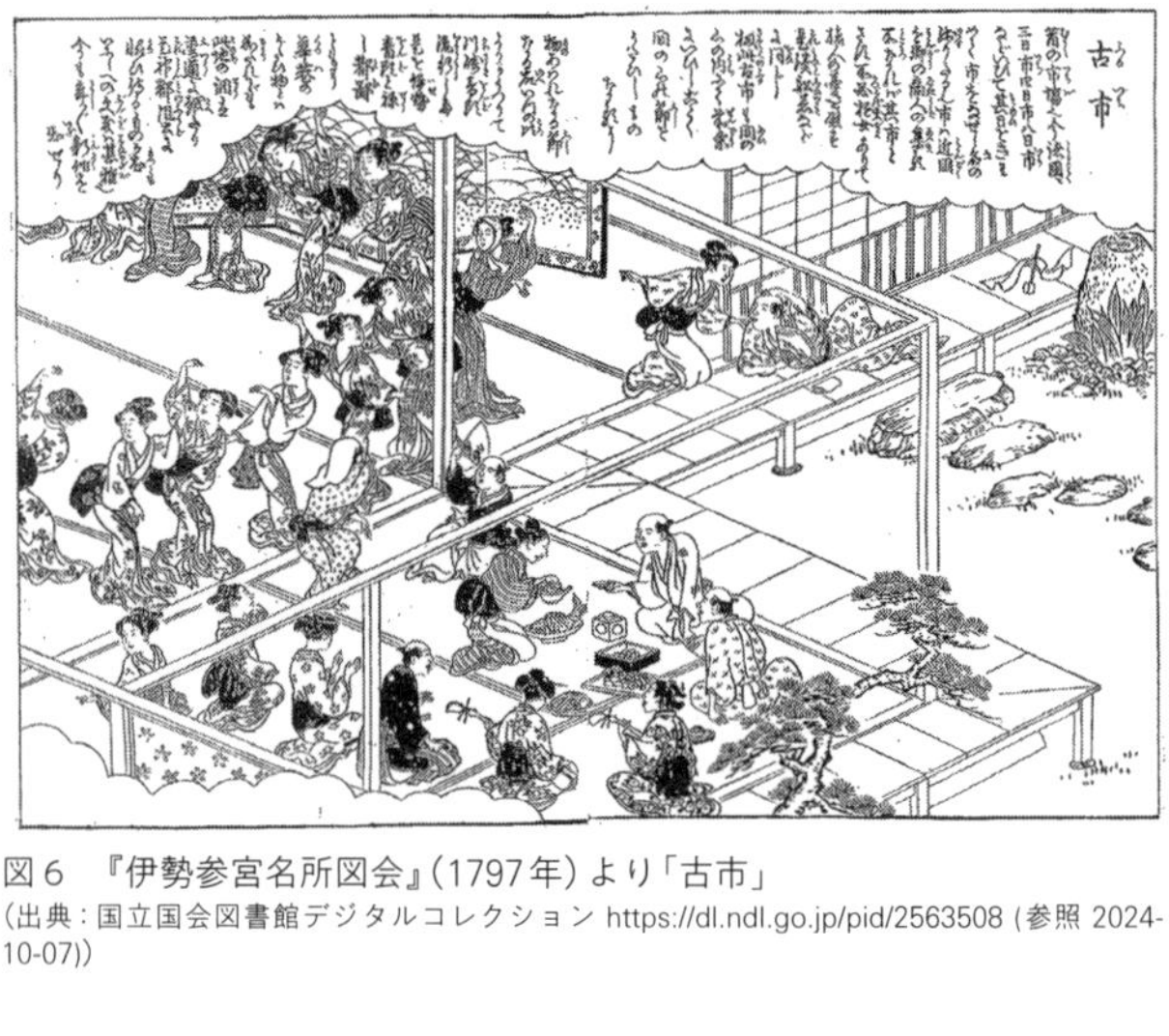

図６　『伊勢参宮名所図会』(1797年)より「古市」
(出典：国立国会図書館デジタルコレクション https://dl.ndl.go.jp/pid/2563508 (参照 2024-10-07))

始まる。この踊りの輪が、つまりは張見世の役割を果たしていた。いかにも座敷芸らしいその様子は、『伊勢参宮名所図会』（一七九七年）の「古市」にも描かれている（図6）。

それが、後年になると様相が変わってくる。いくたびかの火災による建て直しを契機として、大がかりな舞台装置を備えた伊勢音頭専用の大広間を、各妓楼が競って特設するようになったのである。結果、伊勢音頭は、志度ノ浦講の一行が目の当たりにしたような、レヴューを思わせる舞台芸へと発展を遂げた。そしてそれは、江戸、京都、大坂という当時の名高い大都市である「三都」にもない、まったく新しい遊興であった。

廓遊びは男性を対象にしたものと思いがちだが、実のところ古市には、女性客も多く足を運んでいる。幕末期の尊攘派志士として知られる清河八郎は、安政二（一八五五）年に母親を連れて伊勢参りをした際に、やはり油屋で伊勢音頭を見物している。八郎が書き残した『西遊草』によれば、観覧料は一グループにつき一両と、比較的リーズナブルであったようだ。志度ノ浦講中の一行二〇人の中にも、女性が含まれていたことがわかっている。

ところで、『伊勢参宮献立道中記』の著者は男性であるが、酒はさほど嗜まなかったらしい。それもそのはず、泥酔してしまっては、料理一つ一つを丁寧に記録することなど土台無理である。美食を満喫できる財力と、食べ物への旺盛な好奇心、そしてほどほどの酒量が、この稀なるグルメ紀行を生んだのであった。

幕末志士の母孝行

清河八郎『西遊草』
安政二(一八五五)年

清河八郎（一八三〇〜一八六三）は、幕末の尊攘派志士として知られる儒学者。庄内から江戸に出て学問をおさめ、諸国漫遊も経験した。
安政二（一八五五）年春、母を連れて伊勢参宮の旅に出て、旅日記『西遊草』を著す。
その後江戸に戻り、塾で学問を教える傍ら、幕末の動乱のなかで志士たちのリーダー格となる。
「虎尾《こび》の会」「浪士組」などを結成して奔走するも、文久三（一八六三）年に幕臣により暗殺される。

清河八郎

江戸遊学と諸国漫遊

のちに尊攘派志士として知られるようになる清河八郎は、出羽国清川村（山形県東田川郡庄内町）の旧家、斎藤家に生まれた。幼名は元司、名は正明という。清川村は、最上川を二五キロほどさかのぼった庄内平野の東端にあり、宿場町の様相も呈する舟運の要所である。

生家の斎藤家は、酒造業を営む傍ら砂金の取引でも財をなし、村有数の大地主だった。祖父も父も、ともに教養高い文化人であり、長男である八郎もまた、幼少時から学問に親しんだ。

素封家の常として、斎藤家にはしばしば旅の文人墨客が逗留した。そのなかに、備前出身の南画家・藤本鉄石がいた。この鉄石が語る諸国遊歴の見聞が、領内での文武修養に物足りなさを感じていた青年を、外の世界へと駆り立てた。

弘化四（一八四七）年五月、一八歳で江戸に出奔。神田にあった儒者の東条一堂の塾に入門する。

翌年、弟の急死で帰郷を余儀なくされるが、嘉永三（一八五〇）年に、今度は父から三年の猶予をもらって再び遊学へ。西国を巡り、江戸に戻って文武の研鑽に励む。

家督を継ぐべき身でありながら、長らく江戸で勉学を続けていることに、八郎も後ろめたい思いがあったのだろう。筆まめな彼は、頻繁に父や母と手紙をやりとりし、「学問をおさめて親や先祖の名をあげ、後々まで誉を残すことこそ人間の本分だ」と、強い筆致で決意のほどを告げている。約束の三年はさらに延び、幕府の最高学府である湯島の昌平黌《しょうへいこう》への入学を推挙されたが、そこでも飽き足らず、ついに自ら塾を開設。この時改名して、故郷にちなんだ清河八郎を名乗った。安政元（一八五四）年一一月、二五歳の時である。

遊学中、八郎はよく旅をした。奇しくもペリー来航と開国という一大事に遭遇し、外交と国防への関心が高まったのだろう。長崎では出島や丸山遊廓に足を運び、オランダ人から勧められるままにワインを口にして、苦さに閉口している

図７　中村紫明筆の清河八郎肖像画（所蔵：清河八郎記念館）

（『西遊記事』）。一方では、蝦夷地にも渡り、松前藩の海防を視察。そこで目にした間宮林蔵の地図を精緻に筆写している。

生家の豊かさが、遊学中の支えになっていたことは間違いない。だが、当人はいたって倹約家で、つつましい生活を心がけていた。「周囲からは大金持ちだと思われているので、内実は厳しくてもうかつにそれを表に出せない」と手紙に心情を吐露していて、江戸で世話になっている庄内藩邸の者たち相手に、家の名を汚してはならないと気を張っていたようすがうかがえる。父宛てに「金子《きんす》少し御登せ下され度《たく》」といった援助をしばしば乞うているのは、よほど切羽詰まった時に唯一頼れるのが、そこしかなかったからだろう。ただ、八郎には、書画や刀剣の目利きという特技があった。そのため、それらの売買を通していくばくかの生活費を捻出できた。

開塾にあたっては、神田三河町に三〇坪の土地を借り受け、そこに住居を兼ねた新しい家を建てた。総額にして五二両あまり。父の援助と、藩邸からの借金でこれをまかない、嘉永七（一八五四）年一〇月に完成。内弟子と奉公人、通いの門人七〜八人とで、細々ながらも看板をかかげて門出を祝ったのが一二月の始め。そのわずか半月後、北の連雀町から上がった火の手が三河町にのび、あえなく類焼の憂き目にあう。

江戸に出て七年、満を持して開いた塾を焼け出され、年が明けた安政二（一八五五）年の正月、焼け跡を慌しく始末して、父と藩邸から用立ててもらった路銀を手に、ひとまず帰郷した。

母を連れての抜け参り

安政二年乙卯三月十九日　有雨　伊勢詣での期すでにいたり

母の亀代と供の貞吉を連れ、一六九日間にもおよぶ諸国漫遊の旅に出立した日のことを、八郎は旅日記『西遊草』の冒頭にこう記す。

「伊勢詣での期」とは、旅立ちにふさわしい時節のことだろうが、長年心配をかけ続けた母に孝行すべき時宜、ともいえるし、あるいはまた、自らの立志を仕切り直す節目ともとれる。「五、六年は国許で静かに独学するつもり」だったものの、早々に生来の雲遊の虫が騒ぎだしたようだ。

この当時、伊勢詣でといえば、それは伊勢神宮への参拝を名目とする全国周遊の旅を意味した。ただし「子細ありて菅谷《すがたに》参詣と世間に披露せるゆへ」と、表向きは眼病の平癒祈願で知られた越後の菅谷寺《かんこくじ》（新潟県新発田市）への参詣であるとしている。藩の倹約令で伊勢参りの自粛が通達されていたので、そういわざるを得なかったのだ。したがって、長旅に必要な通行手形も所持していない。つまりは「抜け参り」である。

雨模様となった出立のこの日、まずは亀代と貞吉が一足先に家を出る。後発の八郎は、翌朝、近しい者数名に見送られ、村境でささやかに一献。旅立つ者を送るときには、決まって盛大な宴をするのが倣いだが、長い旅路を前にいささか寂しい別れである。

亀代が一日早く出発したのは、鶴ヶ岡（山形県鶴岡市）の実家に立ち寄るためだった。亀代の実家の三井家はこの一帯でも名の通った富商で、八郎は少年時代、近くの塾で学ぶなど折に触れて世話になった。この機に、三井家の跡をとっている長姉の政（八郎の伯母にあたる）を誘い、連れ立って行こうという算段である。

三月二一日。新暦にすると五月初旬だから、東北ではちょうど若葉が芽吹く頃だ。前日まで続いた荒天もおさまり、時折のぞく太陽を仰ぎつつ、政を加えた四人で改めて出発する。日本海沿いを南下し、二六日、当座の目的地である菅谷寺に参拝。翌日、北国第一の港町である新潟で、松木屋という宿に入る。

繁華の地では、旅人の足もつい止まってしまうものらしい。町中での買い物、信濃川の舟遊び、芸妓たちを招いての酒宴。二日ほどの滞在のつもりが、都合七泊している。この間に、政が鶴ヶ岡に帰ることになった。八郎にしてみれば、家の采配から子育てに至るまで、万事に尽くしてきた母や伯母を労おうと計画した旅ではあったが、伯母のほうは、商家の寡婦として采配を振るう立場から長旅は難しく、家人や周囲への遠慮もあって、菅谷参詣を汐に引き返すことにしたのだ。

もはや慣例化していたとはいえ、この先は公儀に反する「抜け参り」である。旅慣れた八郎とは違い、母や伯母にとっては、無手形で関所を抜けるなど、身のすくむ思いだったに違いない。心配性の伯母は、その緊張に耐えかねて先の同行を拒んだのかもしれないが、母の亀代は、八郎いわく「素より思い切り出候」だというから、相当肝が据わっていたものと見える。亀代はこの時四〇歳。足腰が弱る年代でもない。「存分見聞の積り」と、意欲満々で旅を続けている。

三名となった一行は、四月五日に新潟を出立。すると今度は、宿にしていた松木屋の妻が、見送りがてらついてきた。この女房はたいした女丈夫《じょじょうふ》で、なんの断りもなく家を出てきたというのに、いっそのこと善光寺まで同行するという。結局は、柏崎で使いの者に追いつかれ、しぶしぶ連れ戻される。政にしろ、松木屋の妻にしろ、機会あれば旅に出たいという願望はあるものの、いざとなると種々のしがらみに足をとられ、なかなか実現には至らない。それを思えば、八郎の母亀代は果報者である。

出立からおよそひと月たった四月一三日、最初の関所抜けが一行を待っていた。

直江津から北国街道を南下し、信州との国境の関川宿（新潟県妙高市）に高田藩の関所がある。その先の善光寺までさほどの距離ではないのだが、関所の手前で宿引きたちが騒いでいる。なんでも、ここの関所は女の旅人を通さないので、宿に泊まり、未明にこっそり抜けるほかないという。女連れの一行と見るや、声高にまくしたて、かまびすしいことこの上ない。

やむを得ず、まだ日も高いというのに宿に入る。すると、越後の片貝（新潟県小千谷市）から善光寺参りに行くという女性たちが一三人ばかり同宿していて、連れの男が片貝名産の菓子を手にやってきた。宿引きたちの脅し文句に女性たちがすっかり動揺してしまい、自分ひとりでは手に負えない。ついては、明朝、行動をともにさせてもらえないだろうか、と悲痛な面持ちである。

翌朝、四時頃に食事を済ませ、八郎たちは越後の一団とともに出立した。前日までの雨は止み、夜明け前の空に星がまたたく。関所を迂回する「しのび道」の案内人は、外ならぬ宿の者。暗くて危なっかしい細道を三町（約三二七m）ほど行ったところで、関所の門前に出た。そこから柵木を抜け、橋を渡り、本道に合流する。

暗がりの中とはいえ、いかにも大胆である。しかもそれを、宿の者が率先して導いている。本来なら重罪のはずだが、宿場ぐるみでそれを後押ししていたとなると、関所ももはやかたちばかりとなっていたものか。

八郎一行は、その後も都合四か所で、関所抜けを実行している。闇に紛れて船渡りをしたり、山坂を回り道したり、そのたびに過剰な案内賃や渡船料をせびられ、「女連れは何かと足元を見られるので気が抜けない」と憤る。非合法な関所抜けが、街道稼ぎにすらなっているという事実。母を連れた旅だからこそ知り得た、制度の裏側だった。

酒と魚の愉悦

越後を旅した四月は、ちょうど鯛が盛りの季節だったようだ。新津の村はずれの茶店で、昼飯に出された鯛の吸い物がことのほか美味だったので、一尾を手に入れ宿まで持参。おそらく、賄いに頼んで夕食の膳に乗せてもらったのだろう。

『西遊草』には金銭の出入りがほとんど記されていないのだが、供の貞吉の覚書が、部分的ながらも別に残されている。これによると、新津で買った鯛一尾は三二〇文。江戸に比べればはるかに安いだろうが、それでも宿代がひとり二〇〇文前後であることを考えると、大奮発である。魚に恵まれた庄内育ちゆえなのか、その後も八郎の鯛への執着は続く。漁村近くで鯛釣船を見かけた一行。浜一面に幾千尾もの鯛。船が沈みそうなほどの大漁に目を奪われる。だが、まだ日は昇ったばかり。「如何《いかん》とも致しがたく、空しくよだれを流し過るのみ也」。朝とあってはどうしようもない、という嘆きのわけはいわずもがな、酒のあてにできないからである。

旅の途次、八郎は各地で魚介を堪能している。四月末には伊勢湾岸の白子（三重県鈴鹿市）で鰹のさしみ。五月半ばは瀬戸内海に面した多度津（香川県仲多度郡）の鱸《すずき》。七月末の由比（静岡市清水区）ではサザエの壺焼きにアワビの姿煮。いずれも茶店での食事である。宿の食事は、いうならあてがい飯。その土地で旬の逸品を味わうには、街道の茶店に限る。そして、そこで「一杯をかたむく」のが道中何よりの愉しみであった。

四月二七日に伊勢に着き、外宮御師の三日市大夫に宿をとって数日滞在。そこから大和を回って五月五日に京都へ。斎藤家と懇意の呉服商帯屋に立ち寄り、実家から送ってもらった路銀を補充。衣類一式を夏物へと取り替えて、さらに西へと歩みを続ける。

源氏物語や源平合戦の舞台ともなった名所が続く播磨の沿岸を、入梅の雨に濡れつつ巡り、備中の下村（岡山県倉敷市）から乗合船で讃岐の丸亀に渡る。伊勢神宮を詣でた足で上方を回り、四国に渡って金毘羅参りをするのは、当時の旅の定番コースだ。だが八郎は、「ここまで来て、天下の名所を案内しないのは不本意」と、安芸の宮島まで母を連れて行くことを決める。

多度津から宮島までは海路およそ五〇里。宿の主人に相談すると、乗合では母の負担が大きかろうと立舟《たてぶね》（特別仕立ての船）を勧め、その手配に奔走してくれた。

四〇石積みの小船とはいえ、八郎たち三人と船を操る乗り手二人のみでは、むしろ広すぎるほどだ。ここから、宮島、さらに錦帯橋（山口県岩国市）まで行き、折り返し備前田の口（岡山県倉敷市）まで送り届けてもらって一両一分。閑散期のため特別な廉価らしく、しかも宿が不要なのだから、まことに好都合である。

この貸し切りに料金以上の価値があったと思わせるのは、たとえばこんな場面がある。島々が連なる尾道沖は、波穏やかな鏡のよう。そちこちに、漁船の白帆が行き交っている。それを訪ねては、船底の生簀から鮮魚を求め、船上で料理する。この日の夕食はコウイカ。「一杯かたむけ、舟中に睡る」。いかにも至福の船旅である。母も船酔いせず、あまりに快適なので、田の口までのところを延長して、室津（兵庫県たつの市）で上陸している。一〇日ほど、ところどころで船繋《ふながか》りしながらの瀬戸内海往復。八郎はこう記す。「日々魚を求《も》とめ優遊として平地を走るが如《ごとく》に無恙《つつがなく》着岸せしは、誠に古今の幸ひ」。大部な『西遊草』のなかでも、ひときわ光彩を放つ一節である。

五月末に再び京阪に戻り、帯屋の世話になりながら、母は貞吉の供で芝居三昧、八郎は唐紙や瀬戸物、呉服などを買い求める。六月七日から始まった祇園祭も堪能して、一七日には丹波へと出立。炎暑の中を天橋立まで往復する。三たび京阪でしばらく逗留ののち、帯屋に荷送りを頼み、七月一二日に東への帰路についた。

「伊勢いたす」ことの幸せ

七月二六日、折から激しくなってきた風雨をついて、一行は江戸に到着した。宿は馬喰町の大松屋。庄内から出てきた人たちが使う常宿である。八郎にとっても、江戸は七年暮らした馴染みの土地だ。「国に帰りしも同前」と、まずはここまでたどり着いたことに安堵している。

八月一日は、幕府の年中行事である大名参賀の日で、八郎はこれを母に見せるつもりだった。加えて、夕刻には八朔の吉原礼なる花魁道中もある。大名参賀はあいにくの雨で見学がかなわなかったが、吉原礼のほうは天候も回復し、母を連れて浅草界隈に繰り出している。

江戸ばかりでなく、京都では祇園祭、大坂では天神祭と、一行は主要な行事をもれなく見物している。行き当たりばったりのようだが、八郎はその実、綿密な計画のもとに旅程を組み、速度や日数を計算しながら歩みを進めているのである。上方から東海道を江戸方向に下るルートを選んだのも、厳格なことで知られる箱根関所が、下りの女性に対してはまるで無干渉と知ってのことだろう。

旅の達人であるという自負は、少なからずあったようだ。『西遊草』に、己を評したこんなつぶやきを残している。——苦労しながら長らく各地を遍歴してきたので、どこへ行ってもその土地の人の気持ちを害することがないよう心がけている。そのせいか、三日も滞在すればそこの家族のように親しくなって、別れるのが忍びないこともある——。

また、こうもいう。

四海のうち皆兄弟同前なれば、旅なりとて何ぞ別意あるべき。

『論語』の一節をさりげなく引いて、「旅の恥はかきすて」などと、見知らぬ土地をよいことに傍若無人なふるまいをしてはならないと諌めている。

『西遊草』は、漢文の著作が多い八郎には珍しく、柔らかい和文で書かれている。母の旅の思い出に、そして、弟や妹に読ませるために、苦手な和文でこれを書いたと末尾にある。数ある旅日記の中でも、突出した情報量と豊かな描写で知られる『西遊草』は、幕末期の旅を知る格好のテキストでもある。街道や宿場の様子、食べ物、路銀の手配、荷物の発送、情報の集め方、そして、旅先でのあるべきふるまい。新しい時代を担う少年少女たちに、旅をとおして広く世間を知ってほしい。そんな願いを込めて、筆をとったのではあるまいか。旅はつらいことばかりだが、家に帰ればそのすべてが楽しみとなる――。『西遊草』の末尾に綴られた八郎の言葉だ。そしてこう続く。「一世に一度は必らず伊勢いたさるべきなり」。

さて、江戸に来た八郎は、にわかに再起への思いが抑えがたくなったようだ。旧知の人の手を借りて土地を買い求め、江戸の庄内藩士たちとも盛んに交流し、「嗚呼《ああ》何《いずれ》のときか、丈夫《ますらお》宿年の志を得て、面目を天下にあらわし、愉快を尽すべきや」と筆を走らせている。

市中で偶然、かつての修業仲間であり、のちに尊攘派の同志として死線をさまようことになる安積五郎と再会したのも機運だった。五郎も庄内まで同行することになり、賑やかに晩秋の奥羽路をたどる。

尾花沢を過ぎたあたりで、高台から懐かしい最上川が見えた。新庄からは船を頼み、途中で家からの迎え船と合流して、九月一〇日に帰還。人知れず出発したのに、大勢の村人に迎えられ、祝いの宴は夜遅くまで続いた。母を無事に家まで連れ帰り、八郎もほっとしたのだろう。「大酩酊と相成、其終《そのおわ》るを知らず」とある。

二年後の安政四（一八五七）年四月、八郎は江戸で塾を再開した。弟と、前年に娶った妻のお連を伴っての再出発である。「経学・文章・書・剣指南」と、八郎の素養そのままに文武両道をうたった塾は当時珍しく、気鋭の学者としての八郎の名が、江戸の若い志士の間に浸透していく。そしてそのことが、幕末の動乱期にあって、彼を尊攘派「虎尾《こび》の会」の若きリーダーへと押し上げていくのである。

文久三（一八六三）年、八郎は上洛する将軍の警護のため結成された浪士組を率いて京に上り、この機を利用して、「回天封事」と題した尊王攘夷の建白書を孝明天皇にあてて提出。攘夷の勅諚を得て意気揚々と江戸に戻ったところを、幕府の刺客に暗殺された。享年三四。

墓は当初、同志の手で小石川伝通院に建てられたが、維新後の明治二年、獄中で没した妻お連とともに故郷の清川に改葬された。七回忌に際して、母亀代の切なる願いが聞き入れられてのことだったという。

大地震下での旅日記

宮負定雄『地震道中記』
安政二（一八五五）年

宮負定雄

宮負定雄《やすお》（一七九七〜一八五八）は、幕末期、下総の農村で
名主の家に生まれ、平田篤胤の影響を受けて国学を学んだ。
『農業要集』『草木撰種録』などの農書をものし、
農業の発展に心を砕く一方で、神仙界への興味にも傾倒。
伊勢参りを兼ねて上方の平田門人を訪問する
旅に出たところで安政大地震に遭遇する。
そのまま旅を続け、稀有なる記録『地震道中記』を残した。

下総の「芋掘名主」

定雄《やすお》が生まれた松沢村（千葉県旭市）は、利根川の河口に近い下総国の東、九十九里浜を遠くに望む台地にある。

鎮守は熊野神社。はるか昔、紀州から海上《かいじょう》郡三川《さんがわ》村（旭市）の海岸に寄り来たった熊野の神を、のちに移したと伝わる。その祭神の宮を背負ってきたので、「宮負《みやおい》」の姓を名乗るようになったそうだ。定雄が、自著にそう書いている。神主をつとめる家も、巫女の神託で紀州から移ってきたというから、いつの時代か、熊野の神を頂いて黒潮に乗ってきた人たちが拓いた村なのだろう。

定雄の生家は分家だが、祖父の代に村内有数の土地持ちとなり、父の代で名主になった。文政二（一八一九）年、父の定賢《やすまさ》は、下総国に来遊した平田篤胤《あつたね》に入門する。復古神道を基盤に、忠孝、勤勉、子孫繁栄といった実践道徳をうたいつつ、幽冥界《ゆうめいかい》の世界にまで言及する平田国学は、とりわけ農村の名主たちの心をとらえ、広まった。定賢もそのひとりであり、幼少時から父に就いて学んだ定雄もまた、大きな影響を受けることになる。

定雄の入門は、文政九（一八二六）年、三〇歳の時。初めての著書『農業要集』の草稿を手に、江戸の篤胤を訪ねた。この書物は篤胤の協力で出版され、その二年後には、『草木撰種録《そうもくせんしゅろく》』が、同じく篤胤を介して出版される。これが再版に再版を重ね、発売からほんの一年足らずの間に一七〇〇部超という、当時としては立派なベストセラーとなった。

凝り性、とでもいうのだろうか。緻密な観察と微細な記録は、彼の著作に一貫する特徴だ。しかも、目のつけどころが非凡である。

『草木撰種録』では、万物すべてに男女の区別があり、作物でも草木でも、「女種」を植えれば莫大な益となる、と説く。これはすでに、各種の農書でも紹介されていた説ではあるが、定雄はそれを、一枚刷りの図にしてみせた。五穀や芋、野菜、豆、果実、竹など三三種の植物が、雌雄の対でもって描かれている。大根なら、先端がとがっていれば男、丸く膨らんでいれば女。違いは一目瞭然だ。このわかりやすさが、人気と大増刷を招いた。

天保元（一八三〇）年、父の跡を継いで名主になる。その翌年に著した『民家要術』で、田舎村長、つまり名主がまず心得るべきことは、農業に注力して米穀を蓄え、凶年飢饉には村の貧しい人に施し、餓死者や盗み心が出ないよう助けることだ、と述べている。その言葉どおり、定雄は名主として、村民に無担保で金を貸したり、時には自分の田んぼを質に入れ、借金してまで救済したりと、天保飢饉の只中にあって、いささか度を越した資金給付に奔走している。だがそれも限界で、理想の名主像にはほど遠い自らの姿に、どうやら失望したようだ。村の出納を記した帳面に、こう走り書きがある。「役むきニ不足なり、早く退役すべし」。

さきの『民家要術』のなかで定雄は、口で言うばかりで実行力がなく、自分を棚にあげて他人の非を掘り返す名主のことを、「芋掘名主」と侮蔑している。ここにきて、もはやわれも「松沢村の芋掘名主」と自嘲の言葉を吐き、ほどなく定雄は名主をやめた。家督を長男に譲り、そのまま村から姿を消した。飢饉から数年、天保の半ばごろだった。

農村振興への願いと神仙界へのあこがれ

出奔《しゅっぽん》後の定雄は、江戸の篤胤のもとに出入りしながら、各地を放浪していたらしい。どこに住み、どうやって暮らしを立てていたかはわからないが、人気を博した『草木撰種録』の増刷も続いていたようだから、それで糊口《ここう》をしのいでいたのだろう。

一方で、観察と記録への執心は抑えがたく、下総一円を歩いて『下総名勝図絵』などの地誌をものしたり、旅先で集めた巷説《こうせつ》を『奇談雑史』にまとめたり、活発に動き回っている。

そうした旅を繰り返すうち、師である篤胤の感化もあって、定雄の興味はこの世ならぬ神仙界へと傾倒していく。もとより、植物や岩石など、博物学的な探求心が旺盛な定雄には、自然界そのものが、神秘に包まれた大きな生命体のように見えていたのかもしれない。

『奇談雑史』に収録された逸話にも、人智ではあずかり知れない自然界への畏怖が垣間見える。たとえば、会津の牡丹山は、「神仙の遊覧所」と伝わるほどきれいな牡丹が咲き誇るが、ここにみだりに登ると、暴風雨が起きて田畑の作物がだめになる、とか、奥州の狩人が山中の小屋に泊まっていると、怪しい小僧が現れ、これがじつは打ち殺した猪の怨霊だった、とか、あるいは、紀州熊野の八木山という里で、山の神の祭りの時にオコゼの干物を懐からのぞかせると、なぜか皆が大笑いしてしまう、といった具合。この最後の話は、後年、南方熊楠や柳田国男など民俗学の泰斗たちが、並々ならぬ関心を寄せてもいる。

とはいえ、彼が夢想の世界ばかりを追っていたかといえば、そうでもない。

同じく『奇談雑史』には、こんな話も紹介されている。越後の三条近くに、早苗山という稲の苗が自生する山があり、これを植えれば、耕作して育てた苗と変わらず実りがあるという。北国の寒冷地では、育てた苗が立春後の寒さにやられてしまうことがあり、そんな時に、早苗山から自然の苗をとってきて、水田に植えるのだそうだ。「天地神明の、人を助け給ふる、尊きことにこそ」と結んでいる。

名主としては挫折したものの、定雄の真意はいつも、農村の技術向上と、豊かな暮らしの実現にあった。そのためには、自然界をつかさどる神々を畏れ敬うことこそが大事であり、定雄の旅は、それを自分の目で確かめるための実践でもあったのだ。

四〇代の初めから一〇年ほどを旅に暮らし、五〇代半ばになって、定雄は松沢村に帰った。おそらく、金に窮してのことだろうが、定雄を追いかけて江戸から遊女がやってきたというのだから、家人もあきれたに違いない。

困った定雄は、知人を頼り、女連れで三か月ほどさらに放浪を重ねた末、ようやく女を江戸に送り返す。このときの逗留費もろもろが長らく未納となっていて、後年、腹に据えかねた知人から法外な代金を請求され、長男を表に立てて減額してもらうという、なんとも破天荒な隠居であった。

安政大地震と「御救小屋」

嘉永七(一八五四)年一一月四日、五八歳の定雄は、ひとりで伊勢参りに旅立った。前日が冬至で、この日が「一陽来復の吉日」だというので、日を選んでの出立である。

伊勢に行くのは、これが初めてではない。講の代参というわけでもないが、この時代の「伊勢参宮」といえば、おおかた大義名分であって、真の動機は別のところにある。このときの定雄も、和歌山にいる平田門人の参澤《みさわ》明を訪ね、神仙界を行き来しているという医師の島田幸安を紹介してもらうことが、第一の目的だった。

ところが、出立からわずか十町（約一〇九〇m）で、地震に遭遇する。東海沖を震源とする大地震。その翌日には、南海沖を震源とする大地震。翌年に起きた江戸湾を震源とする大地震と合わせて、のちに安政の大地震と総称される、一連の巨大地震の発端だった。

家を出てすぐなのだから、ひとまず引き返すのが常道というものだが、定雄は違う。「人家の破るゝ程の事には非《あら》ず」（『地震用心録』）と、そのまま足を進めている。

松崎（成田市）、成田、八幡（市川市）と、下総

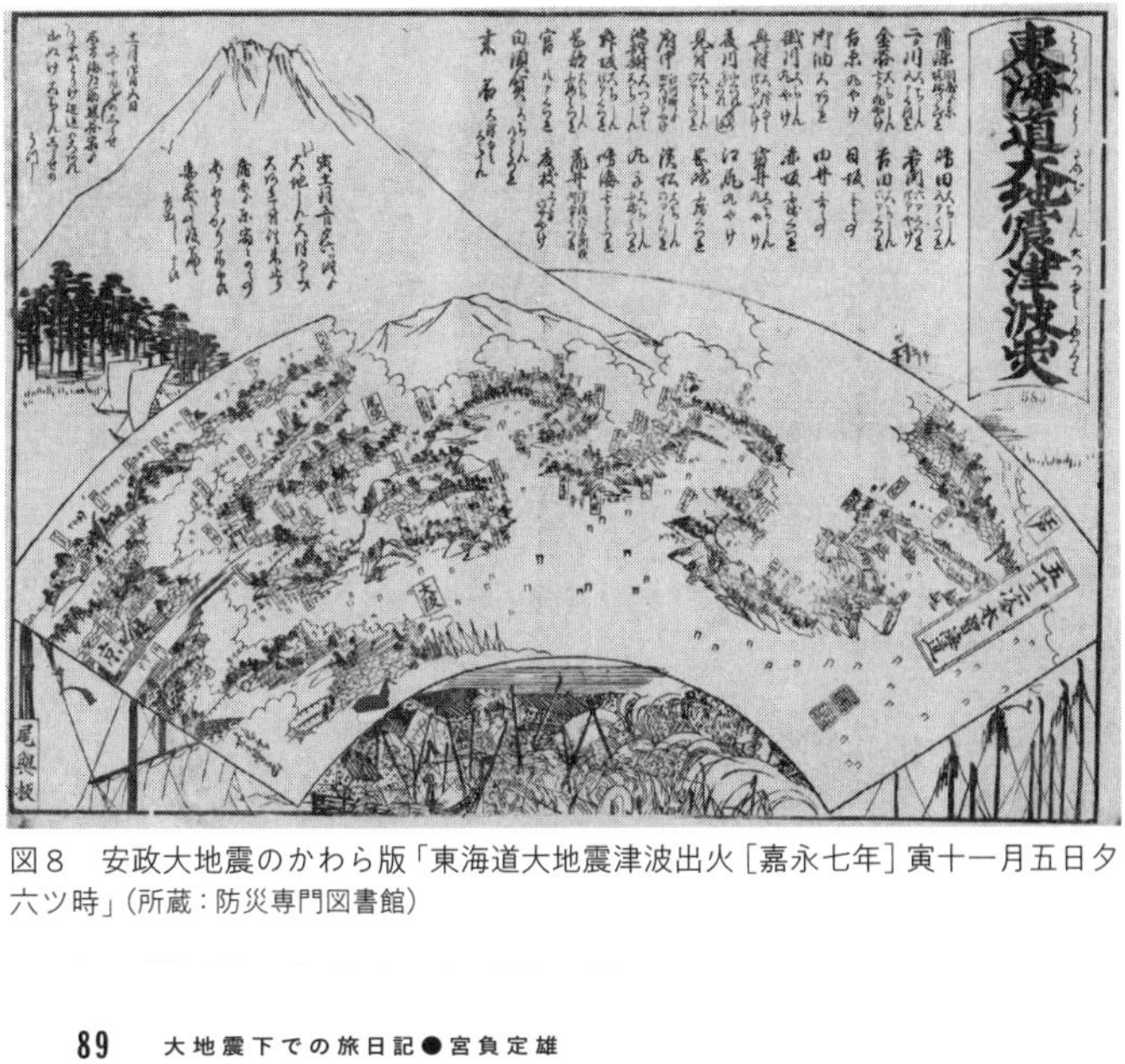

図８　安政大地震のかわら版「東海道大地震津波出火［嘉永七年］寅十一月五日夕六ツ時」（所蔵：防災専門図書館）

国を三日ほどかけて西進し、七日に江戸着。東海道に入り、小田原までは目立った被害もなかったようだ。箱根に来て、関所こそ無事だったものの、「本陣潰れ、町家悉《ことごと》く菱形に曲りたり。西の方ニて拾軒余潰家あり」（『地震道中記』）と、このあたりから次第に惨状があらわになってくる。

山を下った三島はさらに悲惨で、「立家は一軒もなく、三島明神、宮殿、回廊、大方破れ、石鳥居折れ、石燈籠砕け、伝馬町より出火して、宮の前通り焼原となり…」（『地震用心録』）。にもかかわらず、数千人の住人のうち、数人の怪我人を出しただけで死者が一人もいないのは、「三島明神の守護なるべし」と、ここは平田学派らしい一面ものぞく。

その三島宿では、こんな話も採録している。近在の農家に正直者の娘がいて、産土《うぶすな》の神があるとき夢枕に現れ、霜月四日辰の刻に大地震が起こるとお告げがあったという。神から、米粉を山芋でこねてうどんを作りお供えし、神馬を板木に彫るように、などと教えられ、そのとおりにした。「斯《か》て、村内の人々も用心して、神信心怠らざりしかば、四日の地震に少しの怪我も那《な》かりしとぞ」（『地震用心録』）とある。罹災の実況見聞とともに、こうした奇談を行く先々で拾い集めているのである。

だが、彼が旅を続けたのは、単なる好奇心ゆえのことではない。

旅の覚書を記した「道中扣《ひかえ》日記」に、「幽冥御神薬頼望病苦人姓名書」とあり、七〇人の名が記されている。下は六歳から、上は七六歳まで、松沢村とその周辺各地の老若男女が名を連ねる。しかも「金弐朱ト百五十文入」などとあることから、この人たちが路銀を出しあって、定雄に託したことがわかる。

神仙界を行き来する和歌山の医師に会う、という旅の目的は、つまりは彼らに「御神薬」を持ち帰ることにあった。その医師にあてた願書の中にも、「人民を助けるために、御神薬の処方をご伝授いただけるなら、これほどありがたいことはありません」などとある。かつて名主だった時、借金してまで困窮した村人を助けようとした性分は、その後も変わっていなかったのだ。

とはいえ、被災した街道筋を旅することは、そう簡単なことではなかった。

定雄の記録によれば、「痛み少く、旅人泊る」と軽度の被害ですんだところもあったようだが、「大半潰れ、宿屋なし」とか、「残らずゆり潰れて丸焼となる」といった悲惨な実情が次々と身に迫ってくる。甚大な被害のあった宿場では、大名行列の一行が三日間ほど野陣を張って野宿するさまも目にしている。「其節往来の旅人ハ皆野宿也」とあるから、定雄自身も当然ながら野宿を余儀なくされたのだろう。

そして被災した各所では、住民や旅人のための「御救《おたすけ》小屋」ができていたことも、定雄は書き留めている。下田では、複数箇所の御救小屋で奉行所からの御救米や御粥が施され、一軒ごとに金三百疋という「御手当」も下されたとある。さらには、江戸から世帯道具、鍋釜、雑具などのさまざまな品物を積んだ大きな船が着き、これらが町の家々に配られたようだ。東海道筋の金谷宿でも、七か所に御救小屋が立ち、「富貴の家より粥の炊出し」もなされ、人々が椀を持ってもらいにいくさまが記されている。

こうした御救小屋は、多くが幕府や藩などが設ける公的な制度のひとつだが、都市部では、富裕層が食料や金品を提供することも慣例となっていた。江戸の町では、米、味噌、茶、ふかし芋、沢庵、らっきょうなどの食べ物のほか、下駄や打ち身薬などが施行されたことが記録に残されている（「御仁恵御救小屋江施行明細書」一八五五年）。施行と聞いて思い浮かぶのは、伊勢神宮へのおかげ参りの群衆に対する施行や、四国遍路の巡礼者への接待など、神仏の加護を求めて旅する人たちへの施しだ。天変地異もまた、司るのは神仏であって、御救小屋の施行も根は同じなのだろう。むしろ、慣例化した巡礼者への施行は、不測の事態に備えての訓練でもあったのではないかとさえ思えてくる。

さて定雄は、といえば、一一月一五日、大井川を渡り、被害のはなはだしい東海道をそれて秋葉山へと向かった。その道中も、家々が潰れ、難を逃れた人たちの小屋が点在している。一一六日、山麓に宿をとる。夜半から雪。この日は秋葉神社の火除けの祭りで、一生のうちに三度参詣すれば大災を免れるというので、大勢が集まっていた。

翌日、一人で雪の山道を登った。

独旅ひとり登るも秋葉山頼むは神の恵み斗りぞ

人体もまた「小天地」

再び東海道に出て、熱田神宮、伊勢神宮と参拝し、目的地の和歌山に到着したのが、師走の七日。さっそく、平田門人の参澤明を尋ねあてる。

ところが、面会を切望していた肝心の医師は、一〇月下旬に神仙界へと出立してしまい、もはや戻ってこないのだという。落胆する定雄に、参澤は、自身が医師から聞いてまとめた『神界物語』を見せ、全二〇巻を贈る約束をした。これを機に二人の親交は深まり、生涯の友として心を通わせることになる。

一二月一三日、和歌山を出立。大坂、京都を経て、瀬田の唐橋を渡ったのが一九日。草津の追分から、関東の旅人ならたいがい木曽路を帰るのだが、すでに深雪の季節とあって、険阻な山道はさすがに不安だったのだろう。帰路も東海道を選んでいる。年越しは、岡部の宿場。江戸を経て、正月一五日に故郷に帰った。

旅から戻ると、創作意欲に火が付いたようだ。道中の覚書をもとに、この年の春から秋にかけて、『地震道中記』『地震用心録』『地震用心考』を次々と著す。

まとめるにあたっては、自分が体験したことだけでなく、過去の災害にもさかのぼって、情報収集を試みている。たとえば、弘化四（一八四七）年三月に信州の善光寺平で起きた大地震のときは、参詣に出かけていた熱田神宮領の人たちの前に、馬に乗った白衣の人物が現れて、この人に導かれて助けられた、という。似たような話を、定雄自身もさきの旅中で聞いたので、なおさら気になったのだろう。

「地震ハ神の御怨（怒）により起る事にて、此災を除かんとするには、神祇を敬信し、地神を祀りて、国家安全を祈るべき也」（『地震用心録』）

大地の中には、人には見えない世界があって、そこに地神《じがみ》がいる。地震はこの地神の怒りが起こすもので、日ごろから丁寧にまつらなければならない——。現代なら、荒唐無稽と切って捨てられそうだが、地震、火災、津波、洪水、暴風などの自然災害が絶えないこの国では、これらは人智を超えた力がなせるもの、起こるべくして起こるもの、という諦念なしには、むしろ生きられなかったのだろう。

定雄はまた、こんなことも書いている。

人体を小天地というように、人間にもまた地震がある。子どもが身震いするときには手足も伸び、体も育つ。男女の交わりも同様で、子を孕《はら》む。地中の水火が交接すれば地震となって、草木が育つ。「因《よ》て地震ハ無くて叶はぬ神業なり」（『地震用心考』）。

甚大な被害にただ打ちひしがれるのでなく、新たな命の芽吹きに希望を見出す。思えば、同じ時期に流行した「鯰絵」でも、大地震を世直しに見立てている。市井の人々は、不屈のたくましさで幾多の災難を乗り越えてきたのだ。

そういいながら、なんとかこれを科学的に予知できまいかと、定雄も頭をひねったらしい。『地震歴年考』という書物の中に、磁石と金盥《かなだらい》を使った仕掛けをみつけ、試している。

旅の後、憑かれたように次々と著作を残したのは、自らの寿命を悟ってのことか。帰宅から三年後の安政五（一八五八）年九月、病を得て世を去る。享年六二。

なんでも、歩き回って家産をつくすからと、足に灸をすえられ、そこから毒が回ったのだとか。真偽のほどは定かでないが、憧れの神仙界へと飛遊していったかのような、あっけない結末である。

あと一〇年ほど長らえていれば、新たな時代の幕開けに立ち会えただろうに、維新前に亡くすには、いかにも惜しい奇才であった。

II・放浪と冒険

市に集う人と物

菅江真澄『氷魚の村君』
文化七（一八一〇）年

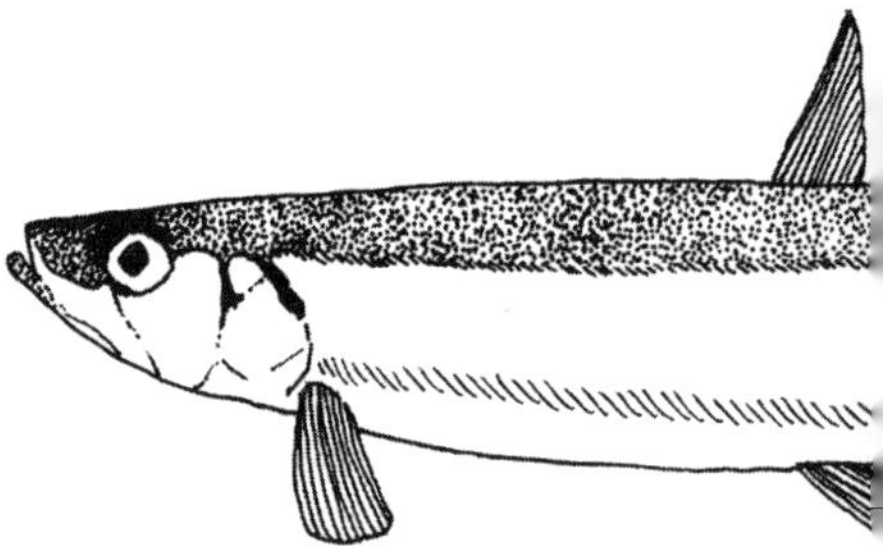

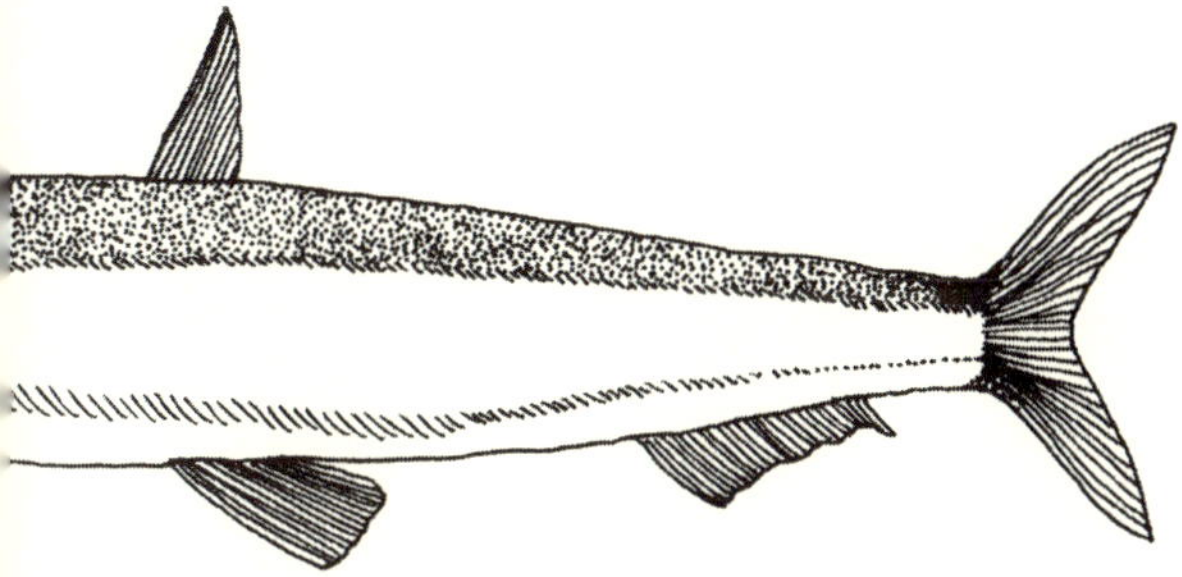

菅江真澄

菅江真澄（一七五四～一八二九）は、三河国生まれの本草学者、国学者。本名は白井秀雄。英二、秀超なども名乗る。三〇歳頃に故郷を出て、信州、越後、出羽、陸奥、蝦夷地などを巡り、享和元（一八〇一）年からは久保田（秋田）を拠点に、地誌編さんなどに関わる。北日本をくまなく歩き、そこに生きる人たちのありのままの姿を日記に残した。

五〇〇年あまり続く五城目の朝市

二〇一四年一〇月、全国朝市サミットが秋田県の五城目町《ごじょうめまち》で開催されるというので足を運んだ。北海道から九州まで、朝市で地域振興をはかろうという一五ほどの団体で構成される全国朝市サミット協議会が、毎年持ち回りで行っているという。聞けば、サミットの始まりは一九八八年。ここ五城目朝市からの働きかけでスタートした。しばらく模索が続いたのち、一九九五年に満を持して第二回サミットを開催。場所はやはり五城目で、意識を同じくする仲間が集まった。以来、例年各地での開催となってここに至る。

五城目の朝市開催の場所は、通称「朝市通り」と呼ばれる町の中心街だ。道の両側に、野菜や魚介、衣類、雑貨などの店が一二〇あまり続く。ちょうどキノコの季節で、関東ではお目にかからないような珍しい種類のキノコが、所狭しと並んでいる。

五城目の市には、長い歴史がある。明応四（一四九五）年頃、馬場目城があった町村《まちむら》というところで始められ、それからおよそ一〇〇年後の文禄年間に、戦乱を経て新しく城下となった五十目（五城目）に移されたといわれる。発祥から数えれば、もはや五〇〇年あまりにもなる。現在では、毎月二・五・七・〇のつく日に開かれるが、当時は二と七の日、月に六回開催される六斎市だった。

こうした五城目の市のいきさつを、江戸時代後期に旅のなかで書き留めた人がいる。菅江真澄。本名、白井秀雄（幼名は英二）といい、宝暦四（一七五四）年頃に三河に生まれた。三〇歳でなぜか故郷を出て、それから四〇年あまりを旅に暮らす。旅は信州に始まり、越後を経由して出羽国に入ったのが天明四（一七八四）年頃のこと。東北一帯はもとより、蝦夷地にまで足を延ばし、各地を転々としながら、妻子も持たず、出自も語らず、黒紬《つむぎ》の頭巾でいつも頭を覆い隠している。そんな謎めいた真澄の足取りを追うことができるのは、彼が膨大な日記を残しているからだ。訪れた土地の文物、風俗習慣、故事来歴。見聞きしたことを、風流な擬古文で綴っては、滞在のお礼にかえて進呈する。ところどころ精緻な挿絵が挟まれているので、絵の心得もあったようだ。薬草や医療の知識も豊富だったというから、それを旅のよすがとしていたとも考えられる。

享和元（一八〇一）年、四八歳の真澄は、かつて一度通った秋田に再びやってきた。その前まで津軽にいて、藩の採薬御用をつとめていた。生活のためだったのだろうが、三年ほどでお役御免となり、書いた日記も没収されてしまう。藩にとって不都合なほど、その記録が微細にわたっていたということだろう。

これを転機に、それまでの本名から変えて、菅江真澄を名乗るようになる。頭巾を被り、博識な学者として、秋田各地の商人や文人と親交を結ぶ。やがてその名が藩へも知れ、文化八（一八一一）年からは久保田（秋田）城下に住み、藩主の命を受けて出羽国六郡の地誌を編むことになるのである。文政一二（一八二九）年、巡村調査に出ていた仙北郡神代村で病を得て、そのまま角館で不帰の客となる。享年七六。故郷へはついに帰らないままだった。

五城目の正月と食べ物

文化七（一八一〇）年の正月を、真澄は五城目の旧家で迎えた。『氷魚《ひお》の村君《むらぎみ》』には、その折に見た正月行事と食べ物が列記されている。

まず七日。いわゆる七日正月にあたる日だが、「粥ちふものもあらで、この日はじめて雑烹とて」と、七草粥ならぬ雑煮を、年明けて初めて食べる。中身は、根芹《ねぜり》、比呂売《ひろめ》（こんぶ）、福良《ふくら》紫菜《のり》に餅。いたってシンプルだ。雑煮は元日に食べるものと思いがちだが、正月とは本来、歳《とし》

図９　菅江真澄肖像画（所蔵：秋田県立博物館）

神様《がみ》を迎えての厳粛な潔斎期間である。火の使用もなるべく控えるので、暮れに料理を作りおきしておく。その名残が、今日でいうところのおせち料理なのである。そうしてみると、この日の雑煮は、正月の精進潔斎が一段落した節目とも考えられる。詳しく書かれてはいないが、神前に供えた餅を下げて食べたのだとしたら、なおのことその意味が強い。

一一日は、米蔵《よねくら》を開いての祝い。いわゆる蔵開きである。女たちが田唄をうたい、酒宴が繰り広げられる。一段落すると、ワラで作った「山神の幣《ぬさ》」に四手《しで》、麻苧《あさお》、田作《たづくり》などを飾り付けて木の枝に下げに行く。これに先立つ九日は、「山鳴らさぬ日」といって、山神の祭りのため山に入らない。やはり潔斎である。そうしてみるとこの行事もまた、山の安全を願う仕事始めのような意味を持っていたのだろう。

一五日から一六日にかけては小正月行事である。田植えのまねごとをし、畑には、茄子や瓜に見立てた薦槌《こもつち》を飾る。子どもたちの鳥追いの唄が終わると、粥を炊いて、干ワラビ、ぜんまい、羊乳餅《とどらもち》（くず米で作った餅）などをあわせて食べる。二二日の早朝、松飾りやしめ縄、その他もろもろの飾りをすべて取り払い、これをもって一連の正月行事は終了となる。

こうしてみると、餅（米）、野菜、海草、魚、山菜と、正月行事の食べ物には、里と海と山の産物がほどよく盛り込まれている。この五城目のことを真澄は、「やおろちのうみ（八郎潟）も三倉鼻（湖畔の岬）も高岳山も森山にもたいそう近い」と書いている。各地の産物が集まりやすい土地柄なのだ。だからこそ、市も立つのである。

真澄は五城目の歳末の市には触れていないのだが、享和元（一八〇一）年、津軽から能代を経て久保田で年の瀬を迎えた折に、久保田城下の市の様子を詳しく描写している（『雪の道奥雪の出羽路』）。ほんだわら、あらめ、芹、青菜、芋、百合、スジコ、塩鮭、鱒のあらまき、ゴボウ、人参、ネギ、大根、ノリ、栗、ゆず、みかんのほか、炭や鍋、桶、ワラの雪沓《ゆきぐつ》から針に至るまで、正月支度のためのもろもろが売られている。乾燥させた草木や花をお供え用に売る人もいて、雪の上に散った色とりどりの草花に風情がある、と絵に残している。三河出身の真澄には、雪国の歳末の賑わいがことさら新鮮に映ったのだろう。

ところで、秋田県内には、五城目のほかにも今なお市の立つところが多い。鹿角市や北秋田市のほか、横手市でも日を違えた市が複数箇所で開かれる。

このうちのひとつ、浅舞（横手市平鹿町）の朝市のことも、真澄は書き留めている。晩年の真澄が手がけた出羽国の地誌のひとつ『雪の出羽路　平鹿郡八巻』の中に記載が見える。それによると、浅舞の市日は、一・四・六のつく日。月九回の九斎市だったようだ。現在はこれに八のつく日が加わって一二斎市だが、江戸時代終わりの文政年間あたりから、基本的なしくみは踏襲されているらしい。中心地には、市日にまつわる六日町という町があり、ここは元和三（一六一七）年に始まったと伝えられている。そしてこの六日町に、「市神の石」が据えられ、まつられているという。なんでも、もとは九寸ほどの蹴鞠くらいの大きさで、力自慢の男衆たちが弄ぶなどしていたが、次第にたいへん大きくなり、もはや動かすこともできなくなった。「此石夜中に天より隕《ふり》たるといふ」とあるので、隕石だろうか。「その音郷中にひゞきわたりて、すさまじかりよしを伝ふ」と、落下の轟音とともに町の人たちの口の端に上ってきたようだ。その後は人家の軒下に据えられた、とある。添えられた絵を見ると、巨大な岩に囲いがしてあり、脇には屋根のある休憩所のような建物も見える。摩訶不思議な由来譚が人口に膾炙して、ついには名所と化したかのようである。なお、この「市神の石」は、現在も町中の街道脇にひっそりとまつられている（図10）。

図10　横手市平鹿町浅舞の「市神の石」（撮影：筆者、2024年9月29日）

餅あいの塩

さて、五城目の正月行事の中に、真澄がこんなことを記している。「十二日　けふは餅あいの塩買ふためしとて、五城の目の市にうちむれて行に、雄鹿の島辺より、馬も人も八竜湖の氷渉て来る」。一二日は「餅あいの塩」を買うならわしがあり、五城目の市にはこれを買い求める人々が群れをなして行く、とある。

「餅あい」とは、正月の八日から一五日、すなわち小正月までのことをいう。その間の一二日に、五城目の市がある。必需品でありながら自給がかなわない塩を手に入れる「塩市」なのだが、扱われるのは塩だけではない。つまりは正月の大売出しである。厳粛な年越し行事が一段落した八日から小正月まで、日常生活に戻る前の、まだなんとなく正月気分を残す期間を「餅あい」とはよく言ったものだ。

塩市には、近郷近在、十里四方から人が集まった。米代川の南側あたりや、山深い阿仁《あに》の村々。そしてとりわけ男鹿半島のあたりからは、八郎潟の氷の上を渡って来たことが、真澄の記述にある。それによると、氷上には暮れからこのかた、市に通う人馬が通った道筋が三百町ほど続いている。ただし、八郎潟を一面に覆う氷の上では、方向を見失うこともあったようだ。三年前、馬の背に炭俵を積んで市から戻る途中、吹雪で行き暮れた人がいた。同じく道に迷った人と、荷を覆っていた薦《こも》をほどいて火をつけ、炭をおこして暖をとり、厳寒のなか一晩耐え忍んだという。

真澄が描いた挿絵には、氷上に列をなす人馬の様子も描かれている。干拓され、広々とした田園が広がる現在の八郎潟からは想像もつかない光景である。

氷の下の網引き漁と潟魚

小正月が終われば、日々の仕事の再開である。氷結した八郎潟で行われる「凍刺《しがさし》」という網引《あび》き漁に、よほど惹かれるものがあったようだ。真澄は何度もこれを見に行っている。六人の網子《あご》が長柄の鉏《すき》で氷を穿ち、大きな穴といくつかの小さな穴を掘る。大きな穴から網を入れ、網の先の細綱に浮をつけて、小穴に通しながら氷の下に網を張る。日記のタイトルにもなっている「村君」とは、網子を率いる頭《かしら》のことだ。

とれる魚は、赤鮒、白鮒《かものこ》、名吉（ボラ）、カレイ、チカという小魚など。これらをイサバ（魚商人）が集めて売り歩いていたというから、冬場の貴重な食料として周辺一帯で尊ばれていたのだろう。

氷が張っても張らなくても、豊かな魚介類を育み、人や物の往来を助ける八郎潟は、この地域に住む人たちにとっての宝だった。かつては張切網《はっきり》というボラの網漁があり、とりわけ春から夏にかけて大漁で賑わった。明治・大正頃の五城目の市でも、売られているのは八郎潟の魚で、出世魚として知られるボラやスズキの幼魚が、長く栄える、長生きするなどといわれて喜ばれたそうだ。

干拓で様変わりしたとはいえ、五城目では今もなお、八郎潟の恵みが生活の中に息づいている。市には、潟魚《かたざかな》と呼ばれる鯉や鮒、チカ、エビなどが、山菜やキノコと並んで売られている。海のものと山のもの。命を支える自然の力が一堂に会する場所が、市なのである。

図11　五城目の朝市で売られている潟魚（撮影：筆者、2009年3月20日）

山伏の歩く道

野田泉光院『日本九峰修行日記』
文政元（一八一八）年

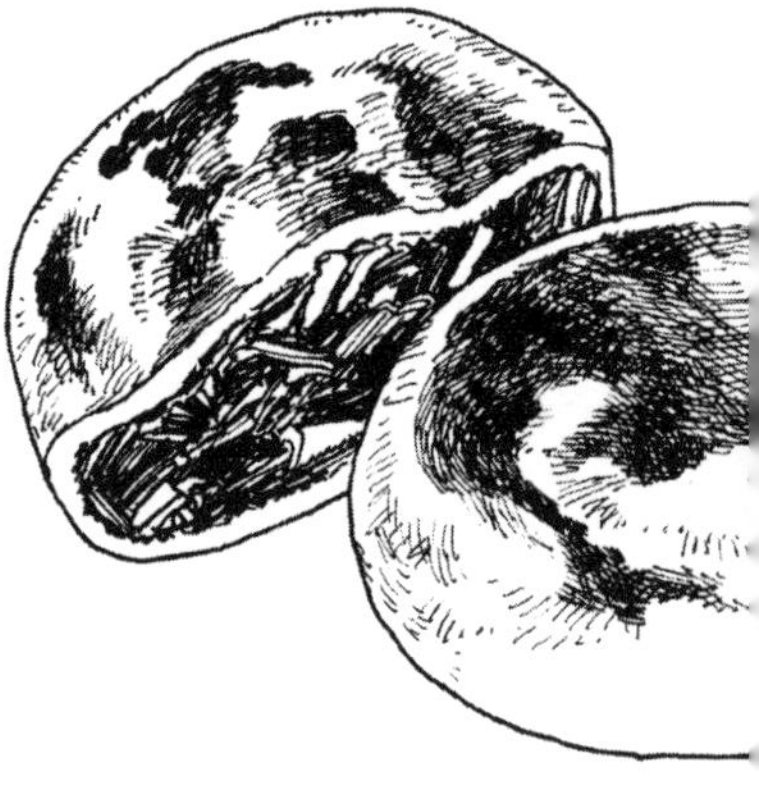

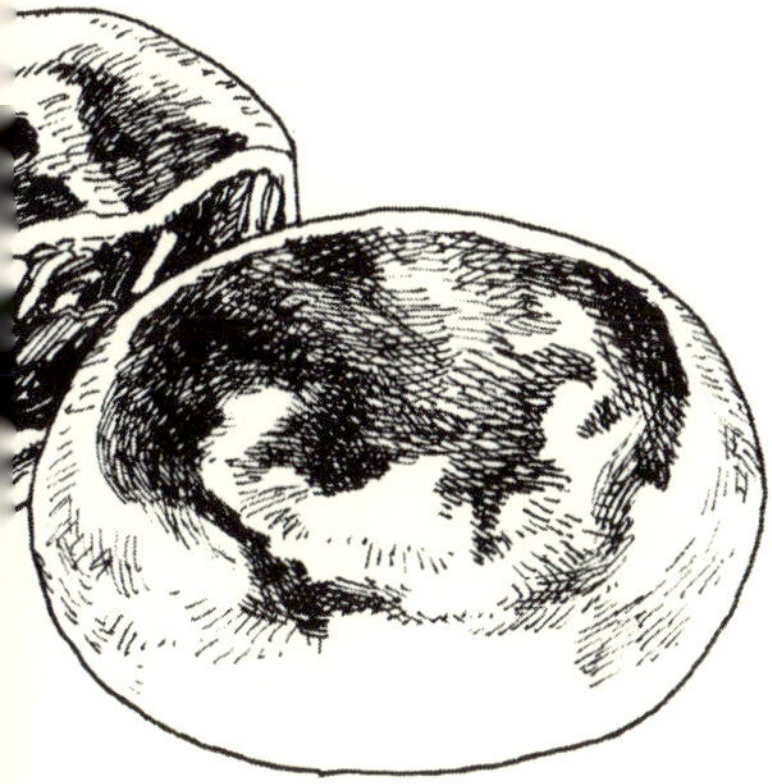

野田泉光院

野田家は日向国の佐土原藩主に代々仕えてきた修験の家で、泉光院成亮《しげすけ》（一七五六〜一八三五）はその八代目にあたる。当山派の安宮寺に住し、藩主の代参で入峰を重ねるなどして仕えた。五六歳で職を退き、翌年藩主の許しを得て全国行脚の修行に旅立つ。足掛け七年におよぶ旅の記録を『日本九峰修行日記』として書き残した。

五七歳からの修行の旅

数ある山のなかでも、格別な荘厳さと神々しさをまとう山。霊山と呼ばれるそれらの山は、古来多くの人を惹きつけ、修験道《しゅげんどう》という、神道とも仏教ともつかない我が国独自の信仰を育んできた。

野田泉光院。本名を成亮《しげすけ》といい、日向国佐土原《さどわら》（宮崎市佐土原町）の修験寺、安宮寺の住職である。文化九（一八一二）年九月、諸国巡拝へと出発。文政元（一八一八）年一一月に帰着するまで、六年二か月を旅に暮らした。その記録『日本九峰修行日記』にもあるとおり、九峰、すなわち、英彦山・石鎚山・箕面山・金剛山・大峰山・熊野山・富士山・羽黒山・湯殿山が、直接の目的地だ。石鎚山のみ、他日に譲るとして略したが、八峰に加えて、西国・坂東・秩父の各観音札所、諸国の一宮や国分寺などへも納経してまわり、南は鹿児島から北は秋田まで、通過しなかった国を数えるほうが楽なほど、各地に足を運んだ。

出立時の年齢は五七歳。前年に隠居し、藩主の許可を得て旅に出たとある。安宮寺は当山派に属する格式高い寺院で、泉光院自身も、大峰山への入峰三七度の実績を持つ最高位の大先達だった。藩から二七石の禄も受けていて、武士としての素養も持ち合わせていたという。

そんな泉光院が、この期におよんでの托鉢《たくはつ》修行である。なぜにそれを思い立ったのか、日記の冒頭「日域九峰修行旅装之発端」には、こう言葉が並ぶ。「自分はたまたま修験の家に生まれ、恐れ多くもこのあたり数十人の山伏たちを支配する身となったが、熟慮を怠ったり、空しく国の禄を浪費する法賊だと人からあざけりを受けるのも悔しいので、命あるうちに今一度、峰々を駈けないことにはおさまらない」。高位の修験者だからこそ、身を律して修行すべきということなのだろう。驚くほどの謙虚さで自らの職分と向き合っていた人物像が垣間見える。

そうはいっても、家族や寺を投げ出してまで、過

図12　野田泉光院自画像（所蔵：宮崎県立図書館）

酷な旅にあえて挑む動機が判然としない。しいてあげるなら、所属する当山派の総本山から、諸国の山伏の実情を確かめるよう託されていた役目がある。だが、それはあくまで表向きのこと。晴れて隠居の身となってようやく叶った、念願の諸国漫遊というのが、本当のところではあるまいか。淡々と綴られた旅日記に時折のぞくのびやかな筆運びが、そのことを物語っている。

ただし、基本は一宿一飯を乞いながらの修行の旅である。無事に帰りおおせるかも定かでない。決して若くはないのだ。だからこそ、試したかったのかもしれない。どのくらい、歩けるのか。ひもじさに、どれほど耐えられるのか。迫りくる老いに背中を押され、修験の道を極めてきた自らの集大成とするべく、足を踏み出したかのようでもある。

善根宿と「掛合の飯」

九月三日、法螺貝《ほらがい》の音も高らかに、佐土原の庵を出立。鈴懸《すずかけ》（法衣）に胎蔵《たいぞう》の脚半《はばき》、八つ目の草鞋を履き、笈《おい》を背にした山伏の旅姿である。道連れは、荷持ちの斎藤平四郎。泉光院より二〇歳ほど若い。普通の町人だが、大先達の供として六年あまりを旅に暮らすとは、よほど信心深いか、さもなくば好奇心旺盛な男だったのだろう。

一九世紀初めのこの当時、近代的な交通手段こそないものの、列島各地には街道が整備され、適所に宿場や立場が置かれて、どんな旅人であっても寝食に困るようなことはなかった。だが泉光院のような修行者の旅は、公道を通って二食付きの旅籠に宿を取るといった、当時一般的だった旅のあり方とはまったく違う。托鉢は、宿場町のような繁華な場所にはそぐわない。村から村へとたどって行くのが常道で、おのずと泊まる場所もその途次で探すことになる。もちろん、駕籠や馬も使わない。ひたすら自らの足で歩くのみである。

物乞い同然でありながら、驚くなかれ、泉光院はこの長旅の間、一度も野宿していない。善根宿《ぜんこんやど》という、修行者を泊めてくれる家が、たいていの村にはあるのだ。もっとも、宗教者を騙《かた》って悪事を働く輩はいつの世にもいたらしく、被害にあった村では、回国行者お断りを徹底している。運悪くそういう村に行き合わせると、さっさと通り過ごして、雨露をしのげるお堂を探す。お堂で煮炊きはできないが、隣の家が台所を貸してくれるなどして、托鉢の米でもってなんとかしのぐことができる。街道を外れた旅にも、それなりのシステムがあったのである。

善根宿は、修行者をもてなすことで功徳《くどく》を得るわけだから、食事も出してくれる。そこで用意されるのは、「掛合《かけあい》の飯」。要は、ありあわせである。日記には、「一汁一菜の掛合」、あるいは「一汁二菜の掛合」などとある程度で、内容まではさほど詳らかではない。当時の人々の日常食といえば、たいていが一汁一菜か二菜が標準であるから、その家の人たちの食事をわけてもらうような感覚だろうか。まれに「一汁三菜」などということもあるが、これは法事に行き合わせた際のこと。掛合といっても、時と場合によってはやや豪華な食事のお相伴にあずかることもあったようだ。

その一方で、地方に行けば、それまで目にしたことのない食材にも遭遇することになる。長崎ではブタ、信州ではそば切、甲州のほうとう等々。飯も麦ばかりのところがあったり、粟飯があったり、土地ごとにさまざまだ。わざわざ「珍しき」として特記しているものもある。たとえば甲州のある村での朝食。大根・青菜・芋とそば粉を練り混ぜたもの、とあるので、そばがきの一種だろうか。あるいは信州の戸隠に近い山中では、干した大根の葉を細かく刻んで塩をまぶし、稗の粉の団子でこれを包んで焼いたものを、間食にいただいたようだ。おやきのようだが、「味い何とも云ひがたし」。甲信地方のコナモノ文化はあまりなじまなかったとみえる。

それでも、こうした食事にありつけるのだから、善根宿はありがたい。一方、道中では、托鉢がうまくいかないと昼食を抜く羽目になる。ようやく得た食べ物が、まんじゅう三つ。そこで一句。

まんぢうのふくれ哀れや秋の腹

年宿のもてなし

この旅の間、泉光院は六回の年越しを経験している。一年目は長崎、翌年以降は、周防、丹波、甲府、下総成田、そして最後は志摩。暮れから正月にかけて、遊行者を逗留させてくれる家を、年宿《としやど》といったようだ。もとより、どこで年越しになるかはその時まかせ。行きがかりで、あの家が年宿をつとめてくれるらしい、といったようなことをどこからともなく聞かされて、落ち着くことになる。

ひたすら行脚を続けてきた足を止め、年末年始、しばしの休業である。その間、洗濯をしたり、味噌や薪炭などの必需品を調達したり、新年を迎える準備をそれなりに整える。一方では、餅つきの手伝い、障子や行燈の張り替え、節分会の法要など、年宿の主人への奉仕も忘れない。

年が明けると、餅、雑煮、酒などを振る舞われる。近隣へのあいさつ回りにも足繁くでかける。これには理由があって、泉光院は、楊柳軒一葉という号を持つ俳人でもあった。正月に句を詠みかわすのは、楽しみであるとともに、来る年が豊かであることを願う祝賀の意味がある。俳諧に精通した先達を迎え、その年はさぞや熱の入った新春の句会となったことだろう。

俳諧に限らず、泉光院は諸芸に通じた教養人である。各地の善根宿でも、しばしば主人と夜話に興じたり、近所の集まりに呼ばれたりしている。旅をすれば、おのずと世間を知ることになる。さまざまな土地を経めぐってきた泉光院は、村人にとって、まさしく最新の情報源だった。

さらには、占いや加持祈祷といった特技がある。科学が発達した現代でさえ、原因不明の体の不調や不安を抱える人は多い。そうした日常の些細な、けれども深刻な悩みを解決する手段として、かつて山伏をはじめとする民間宗教者が果たした役割は大きかった。雨続きで滞在が延びた時など、病人を抱える家から声がかかったり、易を見てほしいと頼まれたり、引く手あまたである。こういう時には、ちゃんと報酬をもらう。托鉢修行とはいえ、まったくの無銭旅行というわけではない。路銀を稼ぐ貴重な手段でもあるのだ。

お金を使うのは、町に出た時。買い出しや、宿代に使う。町に善根宿はまずないから、木賃《きちん》宿、煮炊きする燃料代だけの安宿を探す。これがじつにあやしい。周防のはずれの宿では、木賃五〇文をとりながら、汁もなく、「一万年も年を経たる大根の菜漬」が申し訳程度に出されるだけ。主人はばくち打ちか盗人風とあれば、泊まるのにも勇気がいる。とはいえ、これもまた、旅に出なければ知り得なかった世界だ。ここでも、一句。

旅はうしつらしと云へど面白し

つかの間の庵主として

文化一三（一八一六）年九月。奥州から南に下った下野国金丸村で、洗濯できる場所を探していると、ちょうど空き家になっていた庵がある。村人に申し入れ、借り受けることになった。旅も折り返しを過ぎ、九峰のうち最北の羽黒・湯殿山を終えたことで、多少なりともほっとしたのだろう。洗濯が済んだあとも、一か月あまりをそこで過ごしている。

まずは世話人の家で鍋釜一式を借用。続いて強飯一重が贈られる。入居の祝い、つまりはウェルカムのサインだ。そこからは、連日のように何かひと品携えて、村人が次々とやって来る。病気の快癒を願う者、ただ話をしたい者、それぞれが、小豆、豆煮、牛蒡、大根、豆腐、餅、赤飯、うどん、唐辛子漬、味噌、大麦、たばこ、米…あげればきりがないほど差し入れる。土地も、人の心も、なんと豊かなことか。

できればこのまま住んでほしい。そんな気持ちだったのかもしれない。泉光院という人が、そう思わせるような人物だったのだろう。実際に、旅先に居ついてしまう回国行者はけっこういたようだ。ただし、泉光院には帰らなければならない場所がある。暇乞いをしてもなお、種々の贈り物を受けながら、互いに別れを惜しんでの出発となった。

それからさらに南下を続け、二度の年越しを経て、故郷へと帰る。

ああ嬉し旅の初日は今朝限り

やはり、家で迎える正月が一番。修行中ながらも、つい漏れた本音の一句である。こうした旅を続けると、食べることも寝ることも何不足なくあたりまえに過ごしていた日常が、いかに尊いものであったかに気づく。つつましくとも、日々変わらずにあることへの感謝。これこそ旅の真髄であることを、泉光院の日記は教えてくれるのである。

孤高の俳人

井上井月「俳諧諸家玉吟集」等（日記）
明治一七（一八八四）年

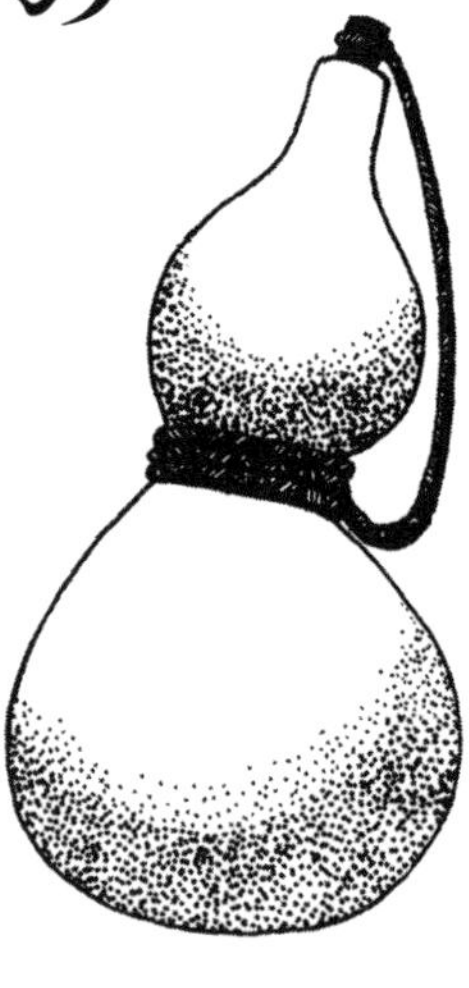

井上井月

井上井月《せいげつ》（一八二二〜一八八七）は、越後国長岡藩の下級武士の出で、本名は井上勝蔵（克三ともいわれる）。
諸国遍歴ののち、幕末期の信州伊那に現れ、
天竜川東岸域の家々を回りながら俳諧で世過ぎをする。
松尾芭蕉を崇敬し、『まし水』『越後獅子』『家づと集』『余波の水くき』などの句集がある。
「俳諧諸家玉吟集」と「大奉書一枚摺物口畫入」と題された、
晩年の半年ほどの日記が残されている。

住まい定めぬ身の年越し

明治一七（一八八四）年の正月を、井月《せいげつ》は懇意にしている喜《き》撰楼《せんろう》で迎えた。新政府による改暦から一〇年あまり、信州伊那谷ではまだ、日々の営みは旧暦のなかにある。大晦日は雪になった。

世のちりを降隠しけり今朝の雪

そう詠んだ翌日は「初日春色」。淡雪を消していく陽光に、佳き年の訪れを予感したものか。「已《すで》に雪は消んとしたり初日影」がこの年最初の句であった。

喜撰楼は、下手良《しもてら》村（伊那市手良沢岡）の小さな食べ物屋で、求めに応じて旅人を泊めることもある。主《あるじ》の向山源八郎は、田畝《でんぽ》の号を持つ俳友。無類の世話好きで、井月もしばしばこの人を頼りにした。

一所不在の者にとって、どこで年を越すかは切実な問題だ。ふだんは来訪者を厭わない家であっても、正月となれば事情は異なる。その点、旅宿も兼ねた喜撰楼なら、居心地もそう悪くはない。ただ、この日の日記には、宿代を払った記録がない。かわりに、いくつかの句が並ぶ。

元日やきのふ目見えの年男

片側に、「向山氏の初孫を寿《ことほ》ぐ」と添えられている。新年に加え、主の初孫誕生を賀しての句である。一宿一飯の恩義は、こうした祝辞でもって返礼としたらしい。

昼食後に出立。同じ下手良にある主の実弟宅へ。薬屋を営み、こちらも桂月の俳号を持つ。とろろ汁を馳走《ちそう》になり、湯にも入れてもらって二晩投宿。翌朝、「寒からぬ柳の風や春の水」の句を残して去る。

そこから隣村の福島、その隣の美篶《みすず》（いずれも伊那市）へと足を運ぶ。御年六三にして、なかなかの健脚だ。俳諧仲間のもとを訪ねては、「年始」と「馳走」のくりかえし。「年玉拾銭御恵ミ」などという文字もみえる。筆をとり、句を詠み、また次へと歩き出す。年が明けて初顔見世なら

「年始」ということになるのだろう。まもなく桜も咲こうかという三月初旬になっても、伊那谷一円での年始回りが続く。

年始に限らず、井月が残した句には、祝賀の意味を持つものが多い。子や孫の誕生、長寿、新築、祭礼。訪問した先に祝い事があれば、句を捧げ、饗応を受ける。一方で、死者を悼む句もある。葬式や法事に参列し、供養の句を手向け、馳走にあずかる。

さりげない言葉の連なりに雅情を感じさせる作風は、やはり心酔する芭蕉をならってのことだろう。何よりも、短冊や半紙、屏風などに残された筆致が見事だ。流麗で、どことなく慎ましさのある井月の書を、伊那の人たちはこよなく愛した。

粟粥でつなぐ命や雪の旅

住まいもなく、財も持たず、ただ家々を訪ねては句を残していく。伊那に来て、この地で朽ちるまでの三〇年、これが井月の世過ぎであった。

諸国遍歴から伊那の地へ

文政五（一八二二）年、越後国長岡の下級藩士の家に生まれる。本名は井上勝蔵（または克三）。もっとも、こうした出自が知れるのは晩年で、その跡づけがなされるのも没後である。天保一〇（一八三九）年ごろに江戸に出て、安政五（一八五八）年ごろに伊那に現れたというが、なぜ故郷を出たのか、その間どこでどうしていたのか、ほとんどが謎だ。

近年になって、どうやら京でも学んだり、水戸の藤田東湖《とうこ》の門を叩いたりもしたらしい、といった足取りが明らかになりつつある。彼が編んだ句集には、信州はもちろん、故郷の北越のほか、江戸、京、尾張、三河、大阪、遠江、美濃、上野、奥羽に至る各地の俳人が名を連ね、諸国遍歴のあとがうかがえる。さらには、残された書簡や雑文などからも、高い教養を持った人物であったことと、芭蕉に傾倒していたことが十二分に伝わってくる。

「妻持ちしことも有りしを着衣始《きそはじめ》」とか「遣《や》るあてもなき雛買ひぬ二日月」といった句から、妻子があったのではないかとの憶測もあるが、これもよくわからない。伊那での井月には、女性の影も噂もない。酒に蝕まれた最晩年こそ「虱《しらみ》井月」などと疎まれはしたものの、概して女性や子どもにやさしく、紳士的であったというのが、おおかたの評である。

痩身で大柄、頭は禿げ上がり、髭なく眉毛薄く、切れ長のトロリとした斜視眼。伊那出身の文化人、下島勲（空谷）の記憶に残る晩年の井月は、いかにも風来坊の体だ（図13）。それでも、伊那に来たばかりのころは、羽織袴姿で腰に木刀をさしていたというから、浪人風ながらも武士の威厳を漂わせていたのだろう。なお、思うところあってか、袴だけは、乞食然となった最晩年でもはいていたという。

とらえどころのないその実像を知るわずかな手がかりは、彼が残した日記にある。とはいえ、旧暦明治一六年の暮れから同一八年四月までという、偶然発見された晩年のほんの一年四か月分にすぎない。だがそこには、命を繋いで歩き続ける俳人井月のありのままが、淡々と綴られてい

図13　下島空谷筆による井月の面影
（写真提供：伊那市創造館）

る。

驚くべきは、井月が訪ね歩く家の多さだ。その足取りは、天竜川東岸域の盆地を、北から現在の箕輪町・南箕輪村・伊那市・宮田村・駒ヶ根市・飯島町・中川村・松川町・高森町・飯田市と、三市七町村にもおよぶ。家数にして、およそ三〇〇。いずれも二十数年来の親交で培われた人脈に他ならない。

とくに足しげく通っているのは上伊那一帯。険峻な山並みをはるかに望むこの盆地は、信州の中でも比較的気候が温暖で、丁寧に耕作された田畑が広がり、養蚕も盛んだった。文芸を好む土地柄で、井月も遍歴の途次、何かの縁で知己を得て、ここにやってきたのだろう。

流浪の身とはいえ、いわゆる「世捨て人」ではない。伊那に来て数年たった文久二（一八六二）年に、諸家俳諧集『まし水』を刊行。翌年には、同様の句集『越後獅子』の序文を高遠藩の重臣に頼み、これを刊行。そのまた翌年には、同じく『家づと集』を編んでいる。晩年の明治一八年には、『余波《なごり》の水くき』。さらに構想があったのか、仲間の句を積極的に集めて回る様子が、日記からもうかがえる。

あてもなく歩いていた、というわけでもない。

「発句一巻引墨、謝八銭納受」、あるいは「百句程稽古巻引墨」などとあって、仲間の作品を添削したり、指導したりすることで、いくばくかの報酬を得ていた。もっともそれは、食べていくにはきわめてつつましい額ではあったのだが。

ほとゝぎす旅なれ衣ぬぐ日かな

実績を重ね、俳諧の宗匠として身を立て庵を結ぶ――。若き日の井月も、おそらくそうしたささやかな志を胸に、この地を訪れたのであろう。結局のところ、その願いが叶うことはなかったが、遍歴の足を留めた伊那が、井月にとってこの上なく居心地のよい土地であったことは確かだ。

どうにも足の向かぬ故郷

立ちそこね帰り後《おく》れて行乙鳥《ゆくつばめ》

詞書は「国へ帰ると云て帰らざること三度」。明治一一年か一二年ごろの作とされる。知人にあてた手紙の中で、「幾たびとなく古郷をおもふに、其つどつど御連中の御世話に成しも画餅《がべい》と成りて…」と書いているとおり、伊那の俳友たちは、井月を故郷に帰そうとたびたび策をめぐらしたようだ。事実、明治五年に「柳廼舎《やなぎのや》送別書画展観会」（「柳の家」は井月の別号）なる路銀集めの会を催して、これに一〇〇人あまりが出席したことも記録に見える。

幕末に出奔し、居を構えないまま明治を迎えた井月は、無籍者であった。時代が変わり、近代国家の枠組みの中で人員の掌握が進められるようになると、流れ者に居場所はない。望んでいた草庵も、戸籍がないことには結びようがないのだ。ともかくも、いったん越後に帰って身元を明らかにするのが先決であると、周囲にも勧められたのであろう。彼自身も、先の書画展観会の開催に際し、「今より古郷へ罷越《まかりこし》、送籍持参の其上からは、草庵蝸廬《かろ》の再興をはかり…」（「柳の家宿願稿」）と決意のほどを述べている。

だが、その思いとは裏腹に、どうにも長岡へは足が向かなかったようである。

なかなか帰国しようとしない井月を、俳人仲間のひとりが善光寺参りに連れ出した。ここまで来れば越後に帰るだろうと、宿屋で草鞋の紐を結んでいる間に、こっそり置き去りにした。ところが翌年にはまたひょっこり伊那に姿を現して、「秋経るや葉にすてられて梅もどき」と、一句を置いていったという。

家財をもたない井月だが、懐にはいつも、芭蕉の小さな木像と『俳諧七部集』をしのばせていた。とりわけ『七部集』の中の「幻住庵記」は、酒に酔っていてもそらんじることができるほどで、その中の「無能無才にして此ひと筋につながる」という一節をことのほか好んだ。世俗の欲にまみれることなく、ただことばを紡ぐことに命を注ぐ。雲水のような生きざまは、井月の理想であり、俳諧人としての自負でもあった。

しかし、時代がもはやそれを許さない。故郷へ帰りかけては戻ることを繰り返す不可解な言動は、逡巡する彼の心のうちを映しているかのようだ。

そんな心もとない日々のなぐさめは、酒であった。

翌日《あす》しらぬ身の楽しみや花に酒

伊那谷の家々では、客人があればこれに酒をふるまうことを礼節とした。井月も、連日のように、「銘酒佳。酩酊」、「朝酒馳走」、「今宵玉子酒佳」などと書いている。「馳走一瓢」という日もある。腰に瓢箪《ひょうたん》をひとつ下げていて、そこに酒を満たしてやれば機嫌よく帰ったそうだから、ときにはそうやってあしらわれることもあったのだろう。

戸籍の問題は、その後、思いがけないかたちで決着を見せる。明治一七（一八八四）年六月（旧暦）、洗馬《せば》郷（塩尻市）からこの地に移り住んだ塩原という家に、養父の名目で入籍するのである。内実は、井月の身を案じてというよりも、俳友でもある塩原家の事情によるものだったのだが、この話がもちあがったらしい一月半ば頃の日記には、仲間と祝杯を交わした様子が見える。

落栗の座を定めるや窪溜り

期せずして戸籍を得た時に、詠んだ句だという。ただし、その後の井月が塩原家に腰を落ち着けた気配はまったくない。相変わらず、伊那谷を転々とする日を送っている。明治政府が始めた俳諧の教導職登用を意識して、新たに作られた東京教林盟社という結社に名を連ねたこともあったようだが、組織の中に身を置くことが、そもそも不向きであったのだろう。それをもっともよく知っているのは、他でもない、井月自身であったはずだ。

雨降り千両

（旧暦明治一八年四月）十三日　雨　千両と云。
（中略）畳屋仕事ニ来ル

日記最後の一文である。
「千両」とは、井月の口癖だ。好きな酒をふんだんに振る舞われた時、あるいは仲間と句作に興じる時、何かにつけて「千両、千両」といって喜んだと、多くの回想にある。感謝、愉快、感嘆、社交辞令…。口数少なく、訥弁《とつべん》だったという井月には、まことに使い勝手のよい言葉だったのだろう。

日記にはもう一か所、この言葉が登場する。明治一七年六月二八日（旧暦）。「此夜雨降千両」。同じく「雨」を尊ぶ「千両」である。降雨による暑気の和らぎ、あるいは農作物にとっての恵の雨など、さまざまな意味を含んでいようが、何よりの喜びは、おそらく「滞留」にあった。日々、居所を変える井月だが、「雨天滞留」、「雨天に付泊」など、雨になると足が止まる。泊めるほうも、悪天の中を追い出すようなことはしない。誰はばかることなく留まることができるのだ。

そこに「千両」が加わるのは、その家の待遇にある。六月のほうは、市田（高森町）の常宿、中村家で「馳走冷麦南ばん焚佳《だきよし》、酒上々」。そして日記末尾のところでは、やはり常宿のひとつ、中沢曾倉《そぐら》（駒ヶ根市）で製糸業を起こした竹村家にて「馳走酒肴上等」。いずれも懇意にしている素封家に宿ったところで、雨降りになった。ここで延泊できるとはありがたい。千両、千両――。実に正直ではないか。

俳友とはいえ、いつでも手厚いもてなしがあるとは限らない。酒はおろか、何も口にできないことさえある。ただ、先の中村家や竹村家のように、庇護者とも呼べる家が各所にあり、ときどきにそこへ寄っては骨を休めることができた。

六波羅霞松《ろくはらかしょう》（通称・幸助）は、そうした庇護者の中で、井月がもっとも頼りにしたひとりだ。押出《おしだし》（伊那市高遠町）で日用品を扱う美奈登屋《みなとや》という店を営み、井月より一三歳若い。同じ越後の出身で、戊辰戦争の折に高田藩士として彰義隊に属し、高遠藩預かりとなって入獄した経歴を持つというが、その出自も謎に満ちている。似たような境遇が、親子ほども歳の違うふたりを近づけたのか。霞松は、伊那で唯一、井月の本名を知る人物だった。

返らぬは死にそこねたる不忠もの

長岡も、井月の出奔後に戊辰戦争の戦火にまみれ、多くの死者を出している。井月が帰郷をためらったのも、そうしたところに何らかの事情があったのかもしれない。

日記の最後の日付から一年半あまりたった明治一九（一八八六）年の暮れ、ぼろをまとい、前後不覚となった井月が、霞松のもとに運び込まれた。あれから次第に生活が荒み、ただ酒を無心するばかりとなっていたものか。峠の下の乾田に、糞まみれで倒れていたという。

霞松は、井月の籍がある塩原家に彼を運び、そこの粗末な小屋が、終焉の地となった。翌明治二〇年二月一六日（旧暦）、井月没す。享年六六。

臨終に立ち会ったのも、霞松だった。絶筆は、「何処《どこ》やらに寉《たづ》の聲きく霞かな」。四〇歳ごろに詠んだ句である。

この時のいきさつを、霞松が書き残している。いよいよという段になって、酒を一、二杯含ませ、辞世の句をうかがってみたが、できないという。なだめてなんとか筆をとらせたところ、先の句をしるし、その夜に息を引きとった。「如斯《かくのごとき》の際といへども好く真情を穿《うが》ちしハ流石《さすが》に俳傑といふへし」というとおり、今まさに消えんとする命のともし火を写し取ったかのような筆遣いだ。

井月の墓は、美篶末広（伊那市）の塩原家墓地の一角にある。杉の大木の下にたたずむ楕円形の自然石には、かつて「降るとまで人には見せて花曇」の句が刻まれていたというが、それもいつしか消えてしまった（図14）。

図14、15　杉木立の根元にひっそりと建つ井月の墓（左）、美篶笠原に並ぶ井月と山頭火の歌碑（右）（撮影：いずれも筆者、2017年7月7日）

没後五〇年ほどたった昭和一四年五月、自由律俳句で知られる俳人、種田山頭火《さんとうか》がこの地を訪れた。目的は、井月の墓参。後年に編まれた全集を目にしてから、どの先人よりも井月を尊崇してやまなかったという。

さくらはすっかり葉桜となりて月夜

井月は桜が好きだった。それを詠みこんだ、手向けの句であろう。積年の念願かなったその一年半後、山頭火もまた、この世を去る。

南アルプスと中央アルプスを見晴るかす美篶笠原には、ふたりの句碑が並んで建つ（図15）。旅に身を委ね、孤高を貫いた俳人への敬慕が、そこに息づいている。

東北人の南島探検

笹森儀助『南嶋探験』
明治二六〜二七（一八九三〜一八九四）年

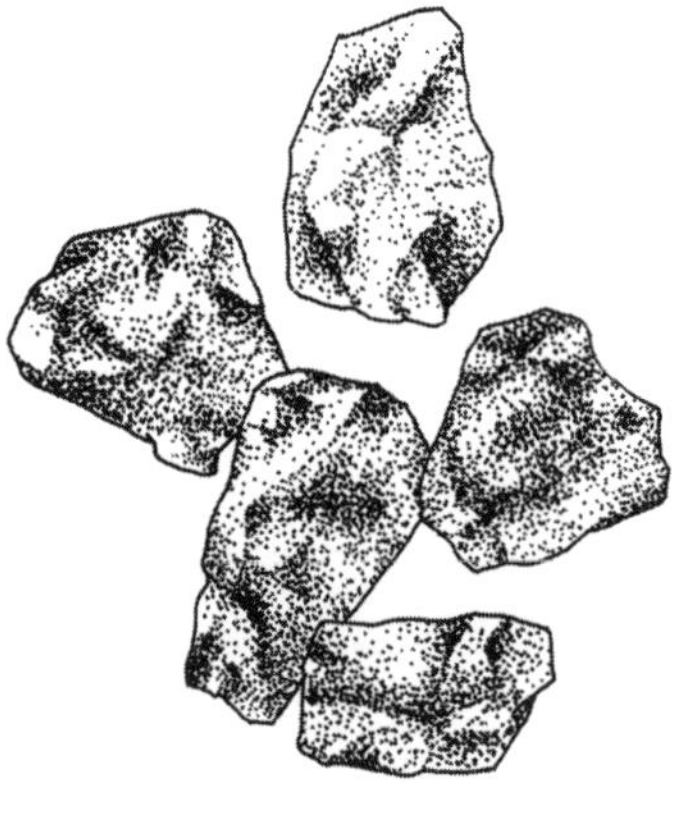

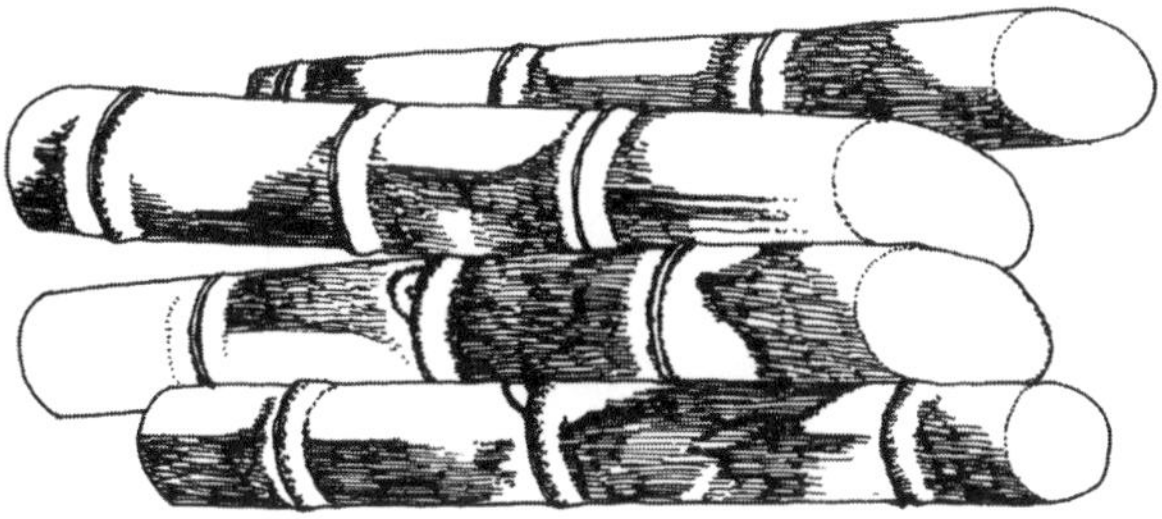

笹森儀助

笹森儀助（一八四五～一九一五）は、
幕末期に弘前藩士の家に生まれ、維新の動乱ののち、
新政府の役人として青森県庁などに勤める。
のち実業家となり、北方の千島、南方の沖縄と、
明治の半ばの日本の辺境を歩いて詳細な記録を残した。
とくに南島の島々を巡って生活の実情を報告し、
『南嶋探験』を著す。
明治二七（一八九四）年には奄美大島の島司に任ぜられて
製糖業の振興に尽力した。

北の辺境から南の辺境へ

まるで、風来坊だ。芭蕉布の単衣《ひとえ》の裾をからげ、素足に草鞋履き。蝙蝠傘をかざし、帽子を被る。首から下げているのは、クバの葉の団扇《うちわ》（図16）。ところが、この異形にはそれなりのわけがある。盛夏の南島踏査は炎暑との戦いだ。青森出身でそもそも暑さに不慣れな上に、前年は北の果ての千島にいて、一年ほど夏を知らずに過ごした。そのため、那覇に着くや気候の激変に体が追いつかず、しばらく体調を崩したほどである。宮古、石垣、西表と、南の島々へ歩みを進めながら、おのずと編み出された探検装束が、これであった。

笹森儀助――。幕末の弘前で藩士の子として生を受け、青年期に維新の混乱に直面。明治新政府のもとで青森県庁の役人、中津軽郡長などを歴任し、三〇代の半ば、士族授産のため洋式牧場「農牧社」の経営を始める。

役人から実業家へ。その儀助の次なる転身は、四〇代半ば。農牧社社長を辞任し、三重から鹿児島にかけて二か月ほど旅をする。翌年には千島探検を決行。最北の占守島《しゅむしゅ》まで足を延ばし、四か月におよぶ探査の記録を『千島探験』として上梓した。これが明治天皇に献上され、政府要人の目に留まる。明治二六（一八九三）年四月、儀助は内務大臣井上馨の呼び出しを受け、直々に沖縄の探検を委嘱された。目的は、製糖業の実地探査。増大する輸入糖対策のため、南島での製糖業拡大の可能性を確かめてきてほしい、というのが、その主旨である。

図16　南島探検での笹森儀助
（出典：国立国会図書館デジタルコレクション https://dl.ndl.go.jp/pid/1082038（参照 2024-09-26）より加工して作成）

この時、儀助は四九歳。「知命ノ齢《よわい》」(五〇歳)を前に、これもひとつの天命と心得たものか。千島が北の辺境なら、沖縄は南の辺境。いずれも、まだ国のかたちが定まらない明治日本にとっての「前線」である。決死の覚悟でかの地に赴いた儀助の手になる『南嶋探験』から、食の体験を拾い出してみよう。

ハブとマラリアの秘境へ

明治二六年五月一〇日の朝、家族や友人に別れを告げ、儀助は弘前を発った。うわべではつとめて「壮快」を装いつつ、その心境はというと、「血涙臆《むね》ヲ沾《うるほ》ス」というのが内実だった。ハブとマラリアという「二大危害」が待ち受ける地で、いつ命を落とすかわからない。再び生きて会えないかもしれないという覚悟の出立である。

青森から新橋を経て神戸までは汽車。神戸から陸奥丸に乗船し、海路で鹿児島、奄美大島を経由して、六月一日に那覇到着。港には数百もの女たちが群れをなし、騒がしいことこの上ない。何を言っているのかもわからないが、どうやら旅客の荷運びをする小遣い稼ぎのようだ。琉球国の時代から貿易で栄えてきただけあって、定繋船も一八〇あまり。海が穏やかな二月から六月にかけては、常時複数の汽船が出入りする。それらの積荷は砂糖。数にして二〇万樽にもなるという。

すでに江戸時代の後半、琉球産の砂糖は、鹿児島藩の管理のもと、国内シェアの半数を占めるほど流通していた。ただし、それらは黒砂糖。上質の白砂糖は、中国からの輸入品か、新興の国内産地である讃岐のものに限られる。

儀助が那覇で目にしたのは、茶褐色の砂糖。黒糖を改良して作られたという。「其状角糖ニ擬シ、茶菓ニ代用シ、味極メテ美ニシテ毫《すこし》モ三盆白糖《さんぼんじろ》ニ譲ラス」とあって、味も見た目も白砂糖と何ら遜色ない。これが普及すれば、黒糖が蔑まれることはないだろう、と期待を込めて書いている。

すぐに八重山諸島へと向かうはずが、船の出立が遅れたため、沖縄本島北部の国頭《くにがみ》地方を回ることにした。那覇とは異なり、旅宿もなければ商店もない。唯一の拠点は巡査が駐在する番所。白米・醤油・蝋燭・蚊帳・草鞋・茶・煙草・コンデンスミルク・酒、そして雨具代わりの油紙と、必要最低限の荷を取り揃えての出発である。

明治一二（一八七九）年に沖縄県が置かれてから、この地にも中央政府の役人が闊歩するようになった。儀助もいうなら中央の視察官。来訪は各村に通達され、巡見には村役人と巡査が随行する。だが、羽織袴で出迎える村役人に対して、儀助は先述の軽装。昼食も、役人たちは箱入りの弁当。儀助は、芭蕉の葉にくるんだ握り飯。失笑を買いながらも当人は平然としている。

村を回りながら、人口、戸数、産物などを詳細に書き上げる一方で、絶壁の上に孤立する癩病《らい》（ハンセン病）患者の小屋や、二〇〇年前に帰農したという旧士族たちの屋取《やどり》など、表に出ない窮民の姿にも目を凝らす。儀助の冷静な観察眼は、立派な身なりの役人と平民との間に横たわる理不尽な溝を、さっそく見抜いていたようである。

西表島の山中を横断

宮古、石垣を経て、七月一五日、伝馬船で西表島に渡る。港に近い島西部の租納《そない》にある番所が宿所。この日の夜食は、持参した米を炊き、鶏卵を買って飯椀に入れ、これもまた持参した醤油を垂らしただけの、いわゆる卵かけご飯である。「香ノ物ナク、亦味噌モナシ。況ンヤ、羹汁ヲヤ。真ニ貧旅行ナリ」と自虐気味に書き添えている。

密林に覆われた西表島では、当時、さまざまな産業振興がはかられていた。熱帯の気候に合ったコーヒー苗の栽培、そして機那樹《きなのき》の苗の試植。機那樹とは、機那丸（キニーネ）、すなわちマラリア特効薬の材料となる植物である。西表は長らくマラリアの巣窟として知られ、儀助も医師の指導に従って、機那丸を常時服用している。加えて、マラリア予防に欠かせなかったのが、泡盛。東京を出発する時、禁酒を断言した儀助だが、土地の人に教えられたのだろう。石垣島滞在あたりから、日中酒気を失わないよう、泡盛を飲んでいる。さらには、こんな民間療法もあったようだ。予防には、鶏一羽を三日間水に投じ、煎じて飲む。罹患して発熱した時は、鶏肉にヨモギを加えた煎じ汁を飲み、効果がなければ、田魚《たーいゆ》（鮒）を煎じて飲む。薬は普及しておらず、これらが最善の処方だという。

実際のところ、西表のマラリア禍は深刻だった。一四か村、一二一四人もの病人を数えるというのに、病院はなく、医師も不在。村役人に問いただしても「病人などいない」と口をそろえる。すぐ北の鳩間島は無病だが、旧習の人頭税のため西表に渡って耕作しなければならず、そこで罹患し帰れなくなる。住人が亡くなって打ち捨てられたままの廃屋も目につく。いくつもの艱難《かんなん》が積み重なって苦しむ民の実情を、儀助の筆は淡々と記していく。

七月二三日、租納から西へと島を横断するため、随行者含め四人で出発。丸木舟で仲間川をしばらく遡り、途中で降りて、密林の中を御座岳の方向へと分け入っていく。連日の雨で膝まで泥水につかり、木の根をよじ登る。杖代わりの傘も、もはや骨だけと化す。おびただしい山蛭《ひる》と格闘しながら、こけつまろびつ汗だくで頂を越えた。

その日は山中で露営。見ればみな満身創痍で、手足は傷だらけ、足の爪を失った者もいる。火を起こし、荷を解くと、持参した釜が砕けていた。これでは飯も炊けないと、一同うなだれる。そこで放たれた、儀助の妙案。「米はある。水に浸して食おう。火に当たれば、腹の中で飯になる」。冗談ともつかないが、当人はいたって真面目にそう考えたものか。「猪肉アリ、醤油アリ、必ス死スル患ヒナシト」と仲間を励ましつつ、まずは泡盛を酌み交わしたとある。

もっともこの時、儀助は歯を痛めていて、肉も米も噛むことができず、コンデンスミルク一缶だけでしのいでいる。あとは泡盛をたらふく飲んで、いざ就寝と思いきや、またも山蛭の来襲。翌日は川沿いに帰路をとり、泥土に足をとられてままならないところを、ようやく出会った漁夫の船に救われ、番所にたどり着いた。

豚肉の饗応

最西端の与那国島から再び石垣島の土を踏んだのは、八月四日。その日はちょうど豊年祭で、役人に案内され、祭りの見物と酒肴に与る。

ここで供されたのが、豚肉料理。豆腐やゴボウの煮しめなども並ぶが、「豚脂ヲ灌《そそ》キタルモノ、一口スレハ胸界甚《はなはだ》悪《あ》シク、喉ニ下ラス」。珍膳だと勧められても、受け入れ難いものであったようだ。

豚肉料理が口に合わなかったのは、体調不良にも一因があった。与那国滞在中にこうむった床虫（トコジラミ）の襲撃痕が悪化して、脛が腫れ上がり、痛みと熱とで臥せってしまったのである。

医師に処置を頼む一方で、起き上がれるようになればまた、痛む足を引きずって視察に巡る。宮古島を経て、八月二八日、那覇に戻る頃には疲労も極限状態。あまりの憔悴ぶりに、医師から「乱暴ニ失スルノ挙動」と忠告を受ける。

薄粥で休養し、数日で回復。滞在も終盤となり、知事の接待で妓楼に上がる。音曲と舞踊は優美で品があり、茶菓と料理の趣向も申し分ない。苦手の豚肉料理も、幸いというべきか、足の病のため医師から肉食を禁じられていたので、その種類の多さと豪華さを素直に賞賛している。

儀助が、最後の滞在地、奄美大島を発つのが一〇月一七日。神戸、横浜を経て、一一月八日の夜、弘前に帰郷する。それから客の来訪を謝絶して、五か月の探査の記録を『南嶋探験』にまとめ上げた。

その冒頭にこうある。「国ヲ守ルト家ヲ守ルト固《も》ト一理ナリ」。近代国家として歩み始めた明治日本。だが、国を支えるのは民であって、真に守るべきは民の暮らしなのだ。「草莽《そうもう》の士」を自負する儀助のまなざしは、時に鋭く国の悪政をとらえる。そしてその声は、後年の人頭税廃止への原動力ともなるのである。

ひたむきに辺境を歩いた儀助の旅は、単なる冒険ではない。後進へと道を拓く、先導者の歩みなのであった。

富士山頂での越冬

野中至『富士案内』明治三四（一九〇一）年
野中千代子『芙蓉日記』明治二九（一八九六）年

野中到・野中千代子

野中到《いたる》（筆名は至・一八六七～一九五五）と妻の千代子（一八七一～一九二三）は、ともに福岡の旧士族の家に生まれたいとこ同士。
明治二八（一八九五）年、高層気象観測に志を抱く到が
富士山頂での初の越年観測に挑み、
千代子も夫を追って自ら登頂。
厳冬期の八二日間にわたる壮絶な記録を残した。

富士山頂で越年観測に挑む

二〇一三年に富士山が世界文化遺産に登録されてから、十年あまりが経過した。登録名に「信仰の対象と芸術の源泉」と付されているとおり、その神々しい山容は、今も昔も日本人の心のよりどころであり続けているだけでなく、近年では多くの外国人観光客の来訪を迎えてもいる。

とりわけ、真っ白な雪を頂いた冬の富士山は、どこか近寄り難い荘厳さをかもしていて、まさに霊峰と呼ぶにふさわしい。事実、富士山の登山シーズンは七〜八月の約二か月。早ければ九月に雪が降り始めるほどなのだから、真冬には本当に人を寄せつけない厳しい気象に包まれる。

その富士山で、越冬を試みた人がいる。野中到《いたる》と妻の千代子だ。高山での気象観測に志を持つ到は、独学でこれを学び、明治二八（一八九五）年八月、富士山頂に私費で観測小屋を建てた。一〇月一日から観測開始、一〇日ほど後には、なんと妻の千代子も登山。夫婦で初の富士山頂越年観測に挑む。一二月には二人とも体力の限界となり、下山を余儀なくされるが、その後それぞれの手記が新聞で紹介されて大きな反響をよんだ。

氷で閉ざされた小屋での八二日間の記録から、二人の命をつないだ食の光景を拾ってみよう。

乳飲み子を置いて山頂へ

前人未到の大事業を計画した到にもまして、驚くべきは、千代子の行動力である。二歳の乳飲み子を抱えながら、その子を連れて東京から福岡の実家まで列車と船を乗り継ぎ、子どもを預けてから富士山麓にとって返すと、夫の後を追って山頂をめざした。死をも覚悟の上だったのだろう。子どもと一緒に自分の写真を実母に託している。夫が何年も費やしてようやく実現にこぎつけた仕事である。なんとしても無事に遂行させたい。それを助けることができるのは自分しかいない。そんな強い気持ちを抱いて、一〇月一二日早朝、千代子は強力《ごうりき》らに付き添われ、御殿場口を出発した。

二合二勺目までは馬、そこから先は徒歩である。途中、五合目と八合目で持参した弁当を食べる。八合目からは足元が危なくなり、強力に背負われ、日暮れ頃に山頂に着いた。

想定外の妻の登山に到は驚き、下山を諭すが、千代子は頑としてきかない。実のところ、二時間おきの観測と片付けとで、この一〇日ほど食事も睡眠もままならなかった。到の手記には「炊事を為す暇だになければ、気象学会より寄贈せられたる罐詰を噛《かじ》りて飢を凌《しの》」いだとある。助けが必要なのは明らかだったのだ。この日から、飲用にする氷の採取と炊事などの家事全般を千代子にまかせ、到は観測に専念した。しばらくすると、千代子は機器の扱いにも慣れて、交代で観測できるようになった。

九坪ほどの観測小屋は、剣ヶ峰西側に張りつくように建てられ、物置を兼ねた土間を中心に、北が機材の置かれた観測室、南が居室になっていた。寒気と強風に備えて、西側にある入り口と小さな窓、そして寒暖計を設置した出窓以外は、羽目板で密封したうえ、石積みで囲ってあった。居室には、籾殻《もみがら》と藁《わら》を敷き詰めた上に床板を張り、その上に二重に紙を張って、花筵《はなむしろ》や毛布などを重ねた。寝床は床からさらに離し、東側の壁に棚を作って藁布団と毛布を敷いた。暖房器具は、煙突付きのストーブ。用便はオマルを使い、風呂の代わりに時折体を拭いて過ごした。

山上の食卓

千代子が残した小さな手帳に、山頂へ持って行くための準備と思しき品物リストが載っている。食器や鍋、ランプ、大工道具などの日用品から、衣類、そして食料に至るまで、おびただしい品を携え越冬に臨んだことがわかる。燃料は、木炭五〇俵・石炭二〇〇斤・薪五〇束。灯油には石油を用いたとある。

千代子のリストから、食料品を抜き出してみた（表1）。缶詰や乾物、漬物など、保存食中心ながらも、バリエーション豊かに取り揃えてある。到の手記にも「食物は獣肉、魚肉、海草類、乾物、漬物、青物、酒類、糖類、香料等出來得る限り種々携帯したり」（『富士案内』）とあって、なか

表1　野中夫妻が富士山頂に持参したと思われる食べ物

食品名	**数量**
白米	2石
牛肉缶詰	2斤入り・40個
鶏肉缶詰	半斤入り・2個
儀七煮（儀助煮？）	1斤入り・1缶
鯣（するめ）	3枚
鰹節	3本
刻昆布	200目
海苔	2帖
焼麩	10銭
蕎麦粉	1袋
干アン	1袋半
福神漬	1缶
ラッキョ	小桶1つ
梅干	小桶1つ
赤漬	1瓶
玉葱	15銭
玉子	6
アゴ干物	1袋
奈良漬	2かわ
はす芋	2束
アルコール	1瓶
葡萄酒	小瓶1
日本酒	2升2合
ビスケット	1箱
岡野	1箱
飴	4斤半
磯部せんべい	1缶
三盆白	7斤
白砂糖	5斤
葛	2升
西洋辛	小瓶1
食塩	小瓶1
茶	1斤
醤油	1樽
塩	2升

でも白米については、「最も精良なるものを選ひ東京より之を廻送せり」と、ことのほか慎重に最良の状態のものを準備したことがうかがえる。「青物の如き」は少なくとも隔日には必ず摂取するよう努めた、とあるものの、先のリストから察するに、生鮮野菜など望むべくもなく、せいぜいが玉葱か漬物程度だろうか。また到は酒をさほどたしなまなかったようだが、リストには葡萄酒や日本酒などが見える。こうした食料品を選ぶにあたっては、好みの食べ物ばかりをたくさん持っていくより、少量であってもなるべく多くの種類を用意することに注力したことが記されている。せんべいやビスケットなど、菓子類も思いのほか多彩だ。食欲が落ちた時や気分転換を考えてのことだろうが、東京にあった老舗の菓子商と思われる「岡野」が「一箱」とあるのもおもしろい。「岡野」は夏目漱石や正岡子規も贔屓にしたことで知られる名店である。餅菓子や最中が有名であったようだが、山頂に持参するとなればせんべいくらいであろうか。厳冬の富士山頂で、少しでも心潤う日々を送ろうという千代子の気遣いを感じさせる。

ただ、到にすれば山頂での生活はすべてが実験で、たとえば、「米は高所では思うように炊けないと聞いていたけれども、実際には上手に炊けた。ただし、胃に負担がかかるので常に粥にして食べた」とか、「いろいろ試した結果、挽割《ひきわり》の麦飯がもっとも消化によい」とか、「甘みや酸味を感じにくくなり、思いのほか梅干をたくさん消費してしまったので、今後の準備には注意が必要だ」などと、自らの体験をもとに客観的な分析をしている。さらには、製法の精粗によって異なるだろうが、と前置きしたうえで、醤油は氷点下二四～二五度、清酒や酢は氷点下一四～一五度で凍結したことも、観測結果さながらに記録している。

一方、千代子の手記はいくぶん叙情的で、それだけに臨場感がある。一〇月末頃から胃腸が弱って食欲が落ち、せっかく持ってきた肉類の缶詰などは、見るだけでむかついて手をつける気にもなれなかったようだ。一日三食だったのを、一日二食、粥二椀ずつにした、とある。それでも、狭い小屋での淡々とした毎日、少しでも気晴らしになればと、すし、おはぎ、焼麩《やきふ》を入れた汁粉などを作ってみたり、蕎麦を打ってみたり、あれこれ工夫を重ねている。餅つきにも挑戦しているが、杵の代わりに火吹き竹ではうまく搗くことができず、ねじ回しに持ち変えてみたところますます変なものができてしまった、と失敗談も何やらほほえましい。別天地での夫婦水入らずの生活を、千代子はどこか楽しんでいるようでもある。

壮絶なる寒中滞岳

一一月になり、小屋の内側一面に霜のような氷がつき始めた。五日、ストーブの脇に置いた茶碗の水が初めて凍る。水気のあるものはことごとく凍りつき、貴重な「青物」であるはずの玉葱さえもが凍って中がジャキジャキになった。強風で舞い上がった雪が小屋を覆い、その雪が戸の隙間から容赦なく入り込んでくる。観測機器も、まず湿球寒暖計が計測不能となり、次には電池が凝結して壊れ、さらには風力計を覆うガラスが粉砕して使用できなくなった。唯一故障がない最高・最低寒暖計で、二人は規則正しく観測を続けた。

強烈な寒気の到来とともに気圧が低下し、じっとしていても胸苦しさを覚えるようになった。最初に異変が現れたのは千代子で、喉に腫れ物ができ、発熱して起き上がれなくなった。見かねた到が研いだ錐でこれを刺したところ、荒治療が功を奏して快癒したが、続いて全身のむくみに襲われた。手足の腫れに始まって、やがて目が開かないほどに形相が変わってしまった。胃腸薬を試しても効果はなく、食が細くなるばかりである。医業の心得がない上に、簡単に下山することもかなわず、いかんともし難い事態に直面した到は、「飲料用の氷桶になりと死骸を入れ置くべし」と、最悪の事態も頭をよぎったらしい。極限状態のなか、思い切って粥をやめ、葛粉と干あんを湯で溶いて食してみたところ、幸いなことに徐々に改善し、一一月終わりには元通りになった。

一二月初め、今度は到にむくみの症状が出た。千代子より重篤で熱もあり、中旬には立ち上がれないほどに悪化した。すでに干あんは底をつき、葛湯に砂糖を混ぜてしのいでいたが、いよいよその葛粉も明日には尽きるかという一二月二一日、風の音に混じって人の声がした。

雪を掻きのけて戸口に現れたのは、一二月の初めにも一度様子を見に来た御殿場の警察署長と巡査であった。中央気象台の和田技師が強力を連れ、八合目で待機しているという。和田は、計画段階から到の趣旨に賛同し、観測機器を貸し出したほか、中央気象台の嘱託という身分を与えて到を送り出した人物である。山上での過酷な状況を聞き、救出に来たのだ。

翌朝、その和田が小屋を訪れ、官命だとして下山を勧めたが、到は強く抵抗した。春を待たずに山を下りるなど、無念というほかなかった。千代子も涙ながらに訴えたが、切迫した事態を前に和田も一歩も引かず、将来必ず立派な観測所を建てることを約束して、二人を説き伏せた。

一二月二二日、強力の背に固く縛られ、二人は小屋を後にした。吹雪の中、氷一面の山肌を下るのは至難の業だった。到は気を失わないよう、あえて瞼をカッと見開き耐えていたが、途中で一度仮死状態に陥った。目の凍傷になり、蘇生後もしばらく苦悶が続いた。

満身創痍で下山した二人だが、回復は著しく、到が手記に添えた医師の診断書にも、手足の衰弱以外にさしたる異常は記されていない。葛湯でこれだけ持ちこたえるとは驚くほかないが、夫婦で志を同じくし、ともに支えあったことが、何にも代え難い力となったのではないか。

その後も到は夢をあきらめず、再挑戦に備えて独自に研究を進めていた。しかし実現を見ることなく、大正一二年二月、スペイン風邪で千代子が急逝。以後、到の口から富士山への情熱が語られることはなくなった。

昭和七年七月、富士山頂に測候所が開設され、本格的な通年観測が開始された。この時定められた測候所記念日は、八月三〇日。到が木造の小屋を建てた、まさにその日である。下山から三七年を経過して、野中夫妻の偉業はようやく歴史に刻まれた。

図17　明治29（1896）年1月、下山後に東京で撮影された野中到・千代子夫妻（個人蔵／引用：NPO法人富士山測候所を活用する会HP）

極地をめざして

白瀬矗『南極探検』・南極探検後援会編『南極記』
大正二（一九一三）年

白瀬矗《のぶ》（一八六一〜一九四六）は秋田県南西部の日本海に面した
金浦町に生まれる。探検家を志して陸軍に入隊。
極地探検の黎明期に、千島探検を経て南極探検に挑み、
大正元（一九一二）年に日本人初の南極上陸を果たす。
快挙の一方で探検費用捻出のため借金が嵩み、
後年はその返済のため、南極で撮影したフィルムの
映画上演と後援会開催のため全国を旅してまわった。

白瀬矗

未踏の極地へ

「矗《のぶ》」とは、まっすぐにそびえ立つ、という意味。「初志貫徹には、人の何倍もの努力が必要だ。だから、直を三つもつけた」。一九歳で親からもらった知教という名を捨て、改名したわけを、矗は周囲にこう語っている。

生家は真宗の寺院。秋田県金浦《このうら》町の漁師町に育つ。相当な腕白で、後継ぎとしての将来を案じられてか、一五歳の頃に、秋田や山形の小教校（寺に設けられた僧侶養成の学校）へ修業に出され、さらには上京して、浅草東本願寺内の学校に入学。が、二か月もしないうちに飛び出し、日比谷の陸軍教導団に入る。理由は、僧職では探検ができないから。明治一二（一八七九）年九月。この時、名前も変えた。

世界へ目を開かせてくれたのは、九歳の頃から通っていた寺子屋の師匠だった。佐々木節斎という医者で、蘭学の心得があり、西洋の文物にも詳しかった。一二歳の春、矗は節斎に、「北極探検がやりたい」と打ち明けた。初めは呆れて相手にしなかった節斎だが、次第に気おされて、探検家になるための心構えを説く。

一、酒を飲んではいけない。
二、煙草を吸ってはならぬ。
三、お茶も飲んではならぬ。
四、お湯も飲んではならぬ。
五、寒中にも絶対火に当たらぬようにすること。

矗は生涯、この教えを固守したらしい。晩年になっても火の気から遠く離れて座し、来客には茶を勧めながら自分は水しか飲まない姿を、何人もが覚えている。

仙台鎮台（後の第二師団）に赴任するのが明治一四（一八八一）年。その後、明治二〇年に海産物問屋の娘、やすを妻に迎えた。矗二七歳、やす一六歳であった。

北極探検への志を立てた矗は、そのための鍛錬としてまず、千島へと目標を定めた。当時の千島といえば、明治八（一八七五）年にロシアと交わされた条約により日本領となってはいたが、択捉《えとろふ》以北は住む人もほとんどいない未開の辺地である。ちょうどそのころ、海軍大尉郡司成忠が、千島の拓殖事業のため退役軍人らによる報効義会を組織して注目を浴びていた。矗はこれに隊員として加わり、明治二六（一八九三）年五月、念願の一歩を北に向けて踏み出した。

最北の占守《しゅむしゅ》島で二度にわたる過酷な越冬を経験し、明治二八年一〇月、仙台に帰着。千島にいたため日清戦争への従軍は叶わなかったが、その後の日露戦争では功をあげ、明治三八（一九〇五）年一一月、矗は中尉に昇格した。

占守島から帰還して一〇年、その間再度千島に行き、外国の密漁船に便乗してアラスカまで渡り、エスキモー集落で越年を試みたというから、北極への足がかりをひたすら模索していたのだろう。

その北極点に先鞭がつけられたことを知ったのは、明治四二（一九〇九）年九月。アメリカの探検家、ピアリーによる北極踏破の新聞記事だった。

一二歳から抱き続けてきた夢である。矗の落胆ぶりはすさまじく、食事もせず、何も語らず、腕を組んだまま天井をにらみつけている。「ひと言でも話しかければ、風船に針を立てるような気がした」とは妻やすの回想だ。

自分は前人未踏の境にゆきたい。人が鍬や鎌で雑草を斫り揃うて坦々砥の如くした其の跡をのそり〳〵と辿りゆくのは大嫌ひだ。蛇が出ても熊が出ても、未だ人跡到らぬ境を自ら跋渉したい。

（『南極探検』）

失意の矗が、もうひとつの極点、南極へと目的地を一転させるのは、むしろ自然なことだった。一八世紀以降、西欧の探検家たちが南極大陸に興味を示してきたが、極点に達したものはまだない。しかも、大陸であるからには、踏破によって領有という野心を背後に持つことになる。その南極へも、ノルウェーのアムンセン、イギリスのスコットが探査を計画中と聞き、矗はすぐさま行動に出た。

明治四三（一九一〇）年一月、帝国議会に一〇万円の下付を請願。三万に減額のうえ議決されたが、結局これは支給されず、募金が頼みの綱となる。

同年七月、雑誌『探検世界』を発行する出版社社長と大隈重信の賛同を得て、東京で「南極探検計画発表会」を開催。数千人の聴衆がつめかける大盛況で、大隈を会長とする南極探検後援会が発足をみた。

隊員や船員の募集が新聞でも報じられ、全国から集まった約三〇〇人のうち、二七人が厳選された。応募資格には、体格や年齢、身体強壮であることに加え、「歯力強健にして梅干の核を噛《かみ》摧《くだ》き得る者」とある。厳寒の地では食べ物も凝結し、それを口にできなければ死んでしまう。千島の果てで二度の越冬を体験した矗だからこそ知り得る、極地の実情だった。

船中の食卓

その一行が、実際にどのような食べ物を用意したかは、彼らを支援した南極探検後援会が後年にまとめた報告『南極記』（一九一三年）に詳細な記録がある（表2）。

主食となる穀物、豆類などのほか、ビスケットは数種類を用意。重焼麺麭《じゅうそうぱん》は陸軍から試験的に寄贈されたものという。目をひくのは、肉や魚介類、野菜や果物に至るまで、おびただしい種類におよぶ罐詰だ。貴重な保存食であることに加え、

表2　明治43（1910）年の南極探検に用意された主な食料（『南極記』より）

穀類・豆類等

白米、玄米、糯米、大麦、大豆、小豆、麦粉、砂糖、米餅、ビスケット、重焼麺麭《じゅうそうぱん》（軍用）、菓子類、塩鮭

罐詰

コンビーフ、牛肉、鶏肉、鮭、鰹、鮪、鯨、鰯、鰹デンブ、鯛デンブ、螺蠑《さざえ》、蛤、北寄貝《ほっきがい》、帆立貝、鮑、蟹、海鰻《あなご》、海老、小沙魚海老《はせえび》、筍、人参、牛蒡、蕗、蓮根、茸、蒟蒻《こんにゃく》、福神漬、水密桃、金柑、牡丹杏、パインアップル、桃、梨、於多福豆、味付飯、鯛味噌

乾物

干瓢《かんぴょう》、氷豆腐、芋柄《いもがら》、昆布、麩、椎茸、ゼンマイ、海鼠《なまこ》、乾海苔《ほしのり》、若菜《わかめ》、白魚、鯣《するめ》、海老、葡萄、片栗粉、晒飴《さらしあめ》、素麺《そうめん》、干饂飩《ほしうどん》

樽詰

沢庵、生姜、奈良漬、梅干、味噌、醤油、大根味噌漬

その他

チーズ、ラード、ソース、バタ、燻豚《はむ》、ジヤミ、芥子末、食塩、ライムジュース、レモン油《ゆ》、酷酸《さくさん》、玉葱、馬鈴薯《じゃがたらいも》、赤白《せきはく》甲州葡萄酒、ブランデー、清酒、ウヰスキー

携帯しやすい罐詰は、犬ぞりでの移動にもうってつけである。さらには乾物も、極地をめざす長旅には欠かせない。樽詰めの漬物や味噌・醤油はもちろんのこと、赤白甲州葡萄酒、ブランデー、清酒、ウイスキーといったアルコール類は、単調な船中生活を思えばむしろ必需品であろう。乗員二八人分に加え、苦労して集めた樺太犬のための干鰊もある。二年分もの食料は膨大な量になった。ただ、これらを貯蔵する船倉は風とおしが悪く、その後の航海で熱帯地方を通るあいだに腐敗したり変質したりと、海中投棄を余儀なくされたものも少なくなかった。

明治四三（一九一〇）年一一月二八日、いよいよ出発のその日、一行は盛大な見送りを受けて芝浦を出航した。予定していた八月から大幅に遅れたのは、用船に手間取ったからである。ようやく報效義会の木造帆漁船を手に入れ、補助エンジンを装備、船体に板や鉄板を巻くなどして補強した。

船の名は、開南丸。東郷平八郎の命名である。長さ三〇メートル、総トン数二〇四。同時代のスコット隊は七四四トン。アムンセン隊の四〇二トンと比べても、はるかに小さい。この船を見て、新聞社が後援の手を引いたほどである。しかし、矗の自信はゆるぎなかった。北の海を跋扈していた小型の密漁船を思えば、行けないわけがないというのだ。

操舵を担うのは、羽咋《はくい》（石川県）出身の野村直吉（本名は西東直吉）船長。北前船の船頭の家に生まれ、独学で甲種船長免状をとり、欧州航路でも活躍したのち、探検船の船長に名乗りをあげた。

探検隊は、探検事業を遂行する「隊員」と、航行に従事する「船員」とで組織され、隊員の指揮は隊長である矗、船員の統括は、野村船長に託されていた。

船員には、実際に船を動かす運転士や水夫、機関士などのほかに、料理人が含まれていた。岐阜出身の渡邊近三郎といい、日米航路の日本丸船員を経て探検隊に加わった。

渡邊は、帰国後の大正元（一九一二）年、雑誌『婦人世界』（第七巻第一〇号・第一一号・第一三号）に「南極探検隊の料理日記」と題した記事を掲載している。それをみると、船内の食事全般を預かる渡邊が、限られた食材でいかに工夫を凝らしながら日々の食卓を整えていたかがよくわかる（表3）。たとえば、朝食はパンと麦飯の両方を準備し、パンには湯で溶いたコンデンスミルクを添え、麦飯にはワカメの味噌汁を出したとある。赤道直下を通過する船中では、暑さのためパンのほうが食べやすいという者もいれば、飯でなければ体力がもたないという者もいる。面倒でも、両方を揃える必要があった。油はヘット（ラード）を使い、罐詰のゴボウとレンコンにうどん粉の衣をつけて精進揚げを作ったり、昆布をやわらかく煮るのに少し加えてみたりもしている。

カレーライス、ローストビーフ、エビフライなど、洋食も思いのほか多い。一方で、即席で粉を練って作った冷やしうどんが、生ぬるくはあったものの大好評であった。アホウドリを撃ち落とし、捌いて炒鳥《いりとり》にしたこともある。分ければ各自がほんの一片か二片を口にする程度だったが、久しぶりの生肉料理に、みな舌鼓を打った。このほか、船員が仕留めたマグロや鮫、南極に近づ

表3　明治44（1911）年正月の開南丸での食事例（渡邊近三郎「南極探検隊の料理日記」『婦人世界』第7巻第10号、1912年より）

1月8日（晴天／89°F）

朝　パン、紅茶、コンビーフ、ボイルドポテート

昼　麦飯、鮪罐詰（大和煮の味付を油で炒りつける）、海老せんべい（少し焙って醤油をつける）

晩　白髪昆布の汁、蛤佃煮、沢庵香物

1月9日（晴／86°F）

朝　パン、麦飯、もやし汁、乾海苔

昼　カレーライス（材料はロースビーフ、葱、芋など）

夕　麦飯、切麩と椎茸の汁、鰹のでんぶ、沢庵

1月10日（晴／88°F）

朝　鰹の罐詰、ロースビーフ、紅茶、パン

昼　精進揚（罐詰の牛蒡と蓮根に饂飩粉の衣をつけてヘットで揚げる）、罐詰の海老のフライ、ボイルドポテート

夕　芋殻と鯨肉と大豆の煮つけ、沢庵

1月11日（晴／80°F）

朝　パン、芋殻味噌汁、海苔佃煮

昼　塩づけの牛肉をロースに焼く、フライドポテート

夕　筍、人参、あわび（いずれも罐詰）のうま煮
（死んだ犬の供養のため枕団子をこしらえて供える）

1月12日（記載なし）

朝　牛肉大和煮、紅茶、梅づけ

昼　刻み鯣を炒りつける、罐詰の松茸の三杯酢

夕　鰹罐詰、冷やし饂飩

1月13日（晴／87°F）

朝　麦飯（風で船が揺れるためパンを焼けなかった）、葱味噌汁

昼　青昆布の時雨煮、沢庵、福神漬

夕　椎茸と切麩の汁、鯛でんぶ、アホウドリを炒鳥にする

1月14日（晴／83°F）

朝　パン、コンデンスミルク（湯で溶く）、麦飯、わかめの味噌汁

昼　しらたき、松茸、鰯の煮つけ

夕　椎茸ともやしの汁、沢庵

いてからはアザラシやペンギンまで、思いもよらない珍品の数々が食卓を賑わした。とはいえ渡邊自身は、雪山に囲まれた南極でおいしいと思ったものはなく、日本に帰ってナスの糠みそ漬けを食べたときには、言葉にならないほどの感慨を覚えたことが書き添えられている。

さて、船は順調に南進し、年が明けた明治四四年二月一一日、寄港したニュージーランドのウエリントンを発してさらに南下を続ける。二月二八日、初めて氷山に遭遇。三月三日に南極圏へと突入し、その三日後には、はるか前方に白く横たわる陸影を見た。ところがここから海上は一面氷となり、ついに前進不能に陥る。南極はもはや冬になっていた。

このままでは退路も氷に閉ざされ、身動きできなくなる。苦渋の決断で、一旦シドニーに退去し、時期を見て再挙をはかることにした。出航の遅れが招いた、無念の背進だった。

極地突進を断念

明治四四(一九一一)年一一月一九日、野営生活を送っていたシドニーから、一行は再び開南丸で出発した。

そこに至る半年を、矗は「探検よりも辛い」と語る。好奇の目にさらされる日々に加え、追加資金の調達が急務だった。野村船長と多田恵一書記長が一時帰国して奔走したが、募金は困難をきわめた。さらに、連れてきた三〇頭の樺太犬が、最初の航海中すでに、一頭を残し全滅してしまっていた。そのため、新たな犬を手に入れなければならなかった。

乗員たちの食事も、シドニーに入港したばかりの五月ごろはまだよかった。在留日本人の助けを借りて手に入れた新鮮な食材で、魚の煮つけや牛鍋など、洋上では口にできなかった料理を堪能したり、魚を釣ってフライや鯖ずしをこしらえたりもした。やがて八月も半ば過ぎになると、資金不足が食材の購入にも響きだした。魚は釣れず、とってきた海草を汁の実にしてしのぐような日が続いた。先述した渡邊の手記には、「八月二十日、朝、木芽《きのめ》味噌汁、昼、わらび煮つけ、夕、焼味噌といふやうな、実にあはれなものでした」とある。物価の高い異国にあって、一か月一〇人分の総菜料が四円八十銭。天幕で露営しながらの待機中とはいえ、青壮年の男たちにはいかにも酷であった。

一方、矗にとっての最大の辛苦は、「極点踏破」から「学術調査」への方針転換だった。すでにアムンセンとスコットが南極の冬営地で出発の時をうかがっており、矗たちは大きく水をあけられていた。あくまでも競争にこだわる矗は、後援会の大隈に宛てて、「八月ナカバ出航ス御承知ヲ乞フ金ハ航海日誌等提供ノ約束ニテ借リル見込ミ」（白瀬京子『雪原へゆく』）などと打電するが、大隈はこれを「無謀極マル」とし、もし断行するなら後援を打ち切るとまで返している。無益な競争に固執せず、学術調査に専念せよ、というのである。

この時矗は五一歳。長年の夢を目前で諦めざるを得ない気持ちは、いかばかりだったことか。だが、矗は隊長である。全員無事に帰還を果たし、後援会の面々へも報告するつとめがある。シドニーを発った船上で、矗は「今回当探検隊ハ都合上極地突進ヲ中止シ、左ノ如ク学術的探検ニ変更ス」(白瀬京子『雪原へゆく』)と命を下した。接岸の後、五名の突進隊と残りの沿岸隊に別れ、突進隊は往復四週間を限度に行けるところまで行き、その間に沿岸隊が周辺一帯を調査するという計画である。

明治四五(一九一二)年の元日、極寒の洋上でかたちばかりの餅をつき、簡単な雑煮で年明けを祝った。一月三日、かつて遠望した南極大陸が再び姿を見せた。上陸に備えて、道中の食事用にと渡邊が船中で飯を炊き、干飯をこしらえた。その飯も、アザラシの脂を燃料に加えるなどして氷塊を釜で溶かし、通常の四倍ほどの二時間もかけてようやく炊き上げた。一月一六日、南極ロス海の湾口にそびえる巨大な氷堤に沿って停泊。ここから突進隊が上陸し、二〇日、二台の犬橇で内陸へと出立した。

白夜の氷上を行く犬橇隊を、時折猛吹雪が襲う。気温は氷点下二〇度。互いの橇を見失いそうになりながら、一月二八日、南緯八〇度五分、西経一五六度三七分の地点に到達。ここを南進の限界と定め、芳名簿を埋めた上に日章旗を立てて、占領式を挙行した。そこから見渡す限りの一帯を「大和雪原《やまとゆきはら》」と名づける。

下り坂の帰路は早かった。三日ほどで出発点まで戻り、二月三日、上陸した氷堤で開南丸と再会。天候の悪化に追い立てられながら荷を積み終え、翌四日に離岸する。この時、六頭を除いて犬の収容がならず、二三頭を置き去りにしている。悪天候で収容が追いつかなかったのか、切羽詰まった状況がそうさせたのか、真偽は定かでない。ただ、贖罪の思いは長く尾を引いたようだ。後年の矗は自筆の「物故者之霊」を前に朝夕合掌を欠かさず、そこには「犬隊員」の文字があったという。

英雄白瀬中尉の晩年

極点踏破こそ果たせなかったものの、偉業を成し遂げた一行の凱旋を、群衆は提灯行列で出迎えた。その快挙は新聞などでも報じられ、隊長「白瀬中尉」の名が巷に広まった。

一方で、募金活動を続けていた後援会の内実は、火の車であった。隊

図18　樺太犬の毛皮を二重に縫い合わせた防寒服姿の白瀬矗（写真提供：白瀬南極探検隊記念館）

員に払うべき給金も捻出できず、矗は借金してこれを賄った。

返済のため、自宅、軍服、軍刀まで売り払った。南極で撮影したフィルムを携え、全国各地へ足を運び、映画会と講演会を開催した。連日列車で移動しては、泊りがけの講演行脚を繰り返す。あたかも、未だ探検を続けているかのような強行軍だ。その足取りは、遠く満洲、朝鮮、台湾にまでおよんでいる。

住まいも転々とし、昭和初期までに十数回もの転居を繰り返す。その間、別荘番をしながら過ごした時期もあった。大正一〇（一九二一）年には、農商務省から千島の養狐場の漁猟夫監督を任ぜられ、夫婦で三年ほど、新知島《しむしる》と得撫島《うるっぷ》に滞在もしている。


恵まれぬ我が日の本の探検家パンを求めて所々転々

七〇歳を過ぎ、なお赤貧の日を送りながら、どこかそれを本懐としているような矗の歌である。質素な暮らしには慣れていて、水と米と野菜があればよく、講演会で全国行脚の折にも、佃煮だけ持って行き、それで冷飯を掻きこんだという。

戦時中は金浦町の実家に疎開。その後も流転は続き、昭和二一年八月、次女武子の縁で愛知県豊田市の鮮魚店の二階を間借りする。それからまもなく、腸閉塞のため急死。八六歳だった。

一〇代で僧職を捨て、探検家を志した矗だが、その難行苦行の道のりは、さながら修験者のようでもある。極地は確かに、たどり着くべき旅の目的地だった。しかし、矗にはむしろ、極限状態を旅するそのことこそが、生きるよすがだったのではあるまいか。

艱難《かんなん》は汝を玉にす。

困苦は忍耐の試金石なり。

人生困苦の味を識らぬ人は誠に幸福である。そして不幸である。（『南極探検』）

流転と無一物

尾崎放哉「入庵食記」
大正一四～一五（一九二五～一九二六）年

尾崎放哉

尾崎放哉《ほうさい》（一八八五〜一九二六）は、
本名を秀雄といい、鳥取県の旧士族の家に生まれる。
東京帝国大学法科を卒業後、
会社員をつとめるも長続きせず退社。
病を得てからは流転の身となり、
小豆島の庵に居場所を得て句作に暮らす。
そのいきさつを記した「入庵雑記」と、
最晩年の半年間の日記「入庵食記」が残されている。
「咳をしても一人」「入れものがない両手で受ける」など、
独特の世界観を持った自由律句で知られる。

「放哉」という号

明治三四（一九〇一）年、鳥取県立第一中学校に在学中の放哉は、下級生を率いて修学旅行に出た。

四月二八日に鳥取を出発、東へ向かう。行先は、但馬と丹後。この方面への鉄道は、まだ敷かれていない。湯村（兵庫県美方郡新温泉町）、福知山、宮津を経て天橋立へ。帰路は、豊岡で野球対抗試合の観戦をし、日本海沿岸の香住《かすみ》に出て、五月九日に帰校。当時の修学旅行といえば、身体鍛錬と学術研究を兼ねた行軍であり、草鞋履きの徒歩旅行だった。

見ゆるかぎり皆若葉なり国境

因幡から但馬へは、急峻な山道が続く。この時放哉は一七歳。難路を越え、一息ついた初夏の峠の眺望に、拓けゆく己の前途が重なって見えたものか。

本名、尾崎秀雄。句作を始めたのは一四歳の頃からで、「梅史」とか「梅の舎」などという号で学友会雑誌に掲載されている。旧藩士の家に生まれ、父は地方裁判所の書記、姉に迎えた婿養子は医師。申し分のない家庭環境で育った読書好きの秀才は、翌明治三五年に上京し、第一高等学校（旧制一高）の法科に進学する。再興されたばかりの一高俳句会に参加する傍ら、ボート競技にも熱中。日本女子大学に在学中の従妹、沢芳衛との交際が始まるのもこの頃だ。

勉学、スポーツ、恋愛と、青春を謳歌する前半生からは、流転を重ね、孤絶の境地へと自らを追い込んでいった後の姿を想像することはできない。わずか四一年の人生に、エリートと無一物という両極が凝縮されている。

明治三八（一九〇五）年、東京帝国大学に入学。時を同じくして、芳衛に求婚。ところが、医学上の見地から血族結婚を反対され、断念に至る。このあたりから、まっすぐに敷かれてきたレールが、少しずつ歪みはじめる。

明治四二（一九〇九）年に追試験で大学を卒業後は、官界や学界へと進む級友を尻目に、会社員の道を選択。新進の東洋生命保険株式会社（後の朝日生命保険）で契約係長のポストに就くも、この頃すでに、生涯ついてまわった酒癖の悪さに周囲は手を焼いていたようだ。「からんでくる、罵倒する。それは実に困ったものでした」と、後年になって同僚が回想している。平生は無口で、洋装が大半を占める社内にあって和装を好み、遅く出社して、早く帰る。とはいえ、仕事にさしたる支障が生じるわけではない。俳句が趣味の変わり者といった体で、黙認されていたらしい（図19）。

入社の年と前後して、遠縁にあたる同郷の坂根馨と結婚。放哉より七つ年下の馨は、すらりとした色白の美人で、口数少なく従順であった。酒代を浪費する夫のため、質屋通いも珍しくなく、知人から着物を借りることすらあった。酔った放哉はよく「馨は別嬪だろうが」と繰り返したというから、当人には自慢の妻だったのだろう。

当初用いていた「芳哉」の号を「放哉」とするのも、卒業、就職、結婚といった、この一連の節目の時期と重なる。その理由を、芳衛との破談に関連づける向きもあるが、おそらくはそう単純なことでもない。

図19　明治44年、27歳の尾崎放哉（所蔵：鳥取県立図書館）

私ノ短冊ノ『号』ノ放哉トハ……ナンニモ放ツテシマツテ、今ハ、カラダ一ツデ居ルワイ(哉)『タツタ一人デ、ナンニモ無イ』ト云フ処ニ有之候。

後年、終焉の地となる小豆島にようやく居場所を得た大正一四(一九二五)年一一月、姉夫婦宛てに出した手紙にこうある。

家財も、仕事も、家族も、そして故郷も、世俗の縁をすべて放って、わが身一つとなる。「放哉」と号を改めた時にはすでに、その境地を無意識のうちに求めていたのではないか。

何か求むる心海へ放つ(大正一三年)

「放る」とはすなわち、解き放つことでもある。世間の規範や重圧から解放されるよりどころが、酒と、俳句であった。

自由律と無一物

当初の定型句から、季語や形式にとらわれない自由律への移行は、大正四（一九一五）年頃のこと。一高俳句会のひとつ先輩にあたる荻原井泉水《おぎわらせいせんすい》が創刊した自由律の俳誌『層雲』に、この年初めて句が発表された。

それからは頻繁に掲載が続くが、大正八年一一月を最後に突如途絶え、再び誌上に登場するのは、大正一二（一九二三）年の初め。その間、一一年在籍した東洋生命保険を退職している。「最早社会ニ身ヲ置クノ愚ヲ知リ、（中略）社会ト離レテ孤独ヲ守ルニ如カズ」（大正一三年の書簡での回想より）と決意してのことというが、実際はまだ、現実社会とのかかわりを捨ててはいない。いったん郷里に帰ったのち、知人の仲介で、禁酒を条件に朝鮮火災海上保険株式会社の支配人という職を得る。

しがらみのない外地で、新会社の設立に携わることに、手ごたえを感じたのだろう。『層雲』への復帰を願って井泉水に宛てた手紙に、こんなことを書いている。

京城が小生の死に場所と定めてやつて来ました。（中略）会社ノ事業はこれからで有りまして、小生ノ后半生を打ち込んでかゝりました支配人としてイクラか自由な計画が出来ますから、ウンと腰をすへてヤル考で居ります（大正一一年一一月二四日）。

だが、この決意と裏腹に、禁酒の誓いを守れず一年ほどで免職。知人への借金返済も滞り、再起を期して、長春にいた従妹を頼りに満洲へと渡る。

草に入る陽がよろしく満洲に住む気になる

ところが今度は、朝鮮でも一度患った左湿性肋膜炎を再発症。ひと月ほどで満鉄病院への入院を余儀なくされ、大正一二（一九二三）年の秋、大連から馨とともに帰国の途についた。

ここにきて、かろうじて保ってきた自尊心も、いよいよ尽きたらしい。「借金ヲ返ス事モ出来ズ、事業モ出来ヌ。此時、妻ト『死』ヲ相談致シタ」（大正一三年の書簡での回想より）というほどに、切迫した状況に陥る。

結果、無一物と奉仕を旨とする京都の修養団体「一燈園」に身を投じ、妻の馨は大阪に出て、自活の道を選ぶ。

遠く船見付けたる甲板の昼を人無く

流転の日々

後年、馨は同郷の『層雲』同人との語らいで、当時のことをこう回想している。

一旦言ひ出したら後に引かん質ですから、言ふがまゝに一灯園に入れました。併し何時かは帰つてくることゝと信じて居たのですが、却つてあの時無理に止めた方がよかつたかも知れんと思ひます。それが今では心残りです。（『春の烟』）

西田天香が主宰する一燈園では、懺悔のための奉仕として、「托鉢《たくはつ》」の実践が課せられる。草むしり、薪割り、便所掃除、引っ越しの手伝い、荷車曳き、広告配りなど、頼まれた先で各種の肉体労働をこなし、山中の一軒家で共同生活を送る。真冬でも火鉢ひとつない簡素な暮らしは、病後の放哉には酷であった。

それでも、天香に同行して舞鶴や神戸へ出かけ、運動場の天窓のガラス拭きやら、家の取り壊しなどといった「托鉢」に従事していたが、体力が追いつかず、二、三度托鉢で訪れたことのある知恩院の塔頭《たっちゅう》常称院で寺男に落ち着いた。大正一三（一九二四）年三月のことである。

ここからが、さらに目まぐるしい。

同年四月、京都に来た井泉水と久しぶりに再会。井泉水もまた、この前年に起きた関東大震災の前後に妻子と母を相次いで亡くし、寄る辺ない身を東福寺塔頭の天得院に置いていた。懐かしさについ酒も進み、些細なことで常称院の和尚を怒らせ、再び一燈園へ。

知人の伝手で、須磨寺大師堂の堂守となるのが六月。だが、翌年三月、寺の内紛に巻き込まれて一燈園に舞い戻る。五月には、福井県小浜の常高寺で寺男となるが、わずか二か月でこの寺が破産。京都に戻りはしたものの、紹介された龍岸寺での居心地の悪さに耐えきれず、とうとう井泉水の仮寓にころがりこんだ。

決して、放浪を望んでいるわけではない。安住を求めているのに、自らの失態、あるいは不測の事態によって、結局そこを去らざるを得なくなる。

なぎさふりかへる我が足跡も無く

絶えず寄せる波に洗われて、どこをどう歩んできたものか痕跡すらない。妻も子もなく、行くあてもない生活のなかで、ひたすら句を詠むことだけがよすがとなっていく。

行き詰まった挙句、一燈園で知り合った台中在住の男を頼りに、台湾へ渡ることを考えるも、井泉水らに反対され、代わりに紹介されたのは、『層雲』同人の井上一二がいる小豆島であった。大正一四（一九二五）年八月二日の夜、列車で京都を発つ。

その前夜は、井泉水の居宅で、俳友の陶芸家、内島北朗と三人、ささやかな送別の宴を持った。これが最後の酒だから、とビールを抜き、井泉水が「翌《あす》からは禁酒の酒がこぼれる」と書いた扇子を餞別に持たせた。この時、「放哉後援会」も具体化し、放哉と井泉水が句を書いた短冊に北朗が絵を添え、五円で頒布することとなった。

こうしたいきさつは、井泉水自ら『層雲』誌上で報告し、賛助を乞うている。

それから彼は、後援会用の短冊を買ひに自分で七條まで行つて来て、——無い金の中からリンゴを御土産に買つて来た、かういふ所が彼のいゝ所かもしれぬ——其に句を書いてしまつてから新聞紙を額に当てゝ昼寝してゐる。（中略）彼は今夜十時半の汽車で立つといふ。幸いにして小豆島に落付かれゝばいゝが、其が出来なければ台湾へ行かうかとも彼は云つてゐた。若しさうなれば、再び何時の日に逢へる事やら解らないのである。（『層雲』第一五巻第六号）

命のつぶやき

流るる風に押され行き海に出る

小豆島に渡る一年ほど前、転々と居を移すなかで詠んだ句だ。流れに身をまかせているうち、気がつけば海を前にしている。「流転放浪の三ヶ年の間、常に、少しでも海が見える、或は又海に近い処にあるお寺を選んで歩いて居りました」（「入庵雑記」）と当人もいうとおり、好きな海の近くに居を得ることが、ただひとつの慰めだった。

井泉水から放哉の受け入れを打診されていた島の素封家、井上一二は、「いましばらく待て」と送った手紙と入れ違いに当人が来てしまったので、大いに困惑したようだ。よからぬ雲行きを感じて、やはり台湾行きかと旅費の算段を始めたところで、西光寺住職の杉本宥玄から、庵がひとつ空くことを知らされる。

宥玄は号を玄々子といい、井泉水が前年に来島した折に、一二とともに島遍路の案内をした同人である。放哉を寺に招いて南郷庵《みなんごあん》への入居を知らせたこの日は、たいへんな雷雨になった。停電の闇の中、放哉のコップについだビールの泡を見ながら、「彼れの流転の宿命とでも云った風なもの」を感じたと後に回想している。

小豆島には、島四国とも呼ばれる八十八箇所の霊場があり、西光寺はその五八番だった。奥の院の南郷庵は番外だが、遍路が立ち寄りロウソクをあげていく。その賽銭が、放哉の生活費となる。遍路もまた、さまざまな事情を抱えた身一つの旅人だが、その遍路によって生かされる人がいる。本場の四国遍路同様に、島遍路もまた社会の大きな受け皿であった。

海が少し見える小さい窓一つもつ

念願の海の近くで、ひとり心安らかに庵を結ぶ。ようやく居場所を得たものの、それは極限まで切り詰める赤貧の日々の始まりでもあった。

入庵からほどなくして、賽銭だけでは自活が困難であるという現実を知る。それからは、「新生活様式」と称して、焼いた米と炒った大豆、もらい物の梅干しや芋などで食をつなぐようになる。焼米も焼豆も、固くて少ししか食べられない。当人が言うに、「断食ヘノ中間ノ方法」であって、やがて衰弱し、自然に朽ちゆくことを見越しての策であった。

「入庵食記」と題された、放哉の日記がある。大正一四年九月一日から、亡くなる四日前の翌年四月三日まで、一日も欠くことなくノートにつけられている。

当初は、「焼米、焼豆（大豆）、塩、ラッキヨ、梅干、番茶（一日ニ土瓶四杯位）、麦粉、…色々混交シテ用フ」などと、自ら考案した食生活の実践記録だったが、やがて天気や体調、差し入れ、借金など、身辺の雑事を淡々と記すようになる。

南郷庵で、放哉は井泉水をはじめとする知人に宛てて、膨大な手紙をしたためている。ほとんど誰とも会話を交わすことがない日々のなか、溢れ出る言葉をもて余すかのようだ。日記の放哉は、それほど多弁ではないものの、日に日に衰えゆく体と死の影を克明に見つめていて、生来の几帳面さをうかがわせる。

こんな記録もある。

祭ノごちそうデ腹の中、ゴタ也、酒ハイカン〳〵、苦シイ、アスカラ絶対ニ呑マヌ、……呑ンデモ（ビール）一本位トスル事……（ウマク）モ（ホシク）モナイ、実ニイヤダ〳〵

酒を詠んだ俳句はないが、酒の失敗を思わせるものは、ここ小豆島で作っている。

わが顔ぶらさげてあやまりにゆく

玄々子も、一二も、たびたび被害をこうむりながら、最後まで見放すことなく、物心両面で病身の放哉を庇護した。一方で井泉水は、累々と送られてくる句稿を添削し、命のつぶやきを文芸へと高めて、近況とともに『層雲』誌上で逐次知らせた。孤絶の淵に身を置きながら、言葉の世界の放哉は、数えきれないほどの交遊を結んでいた。

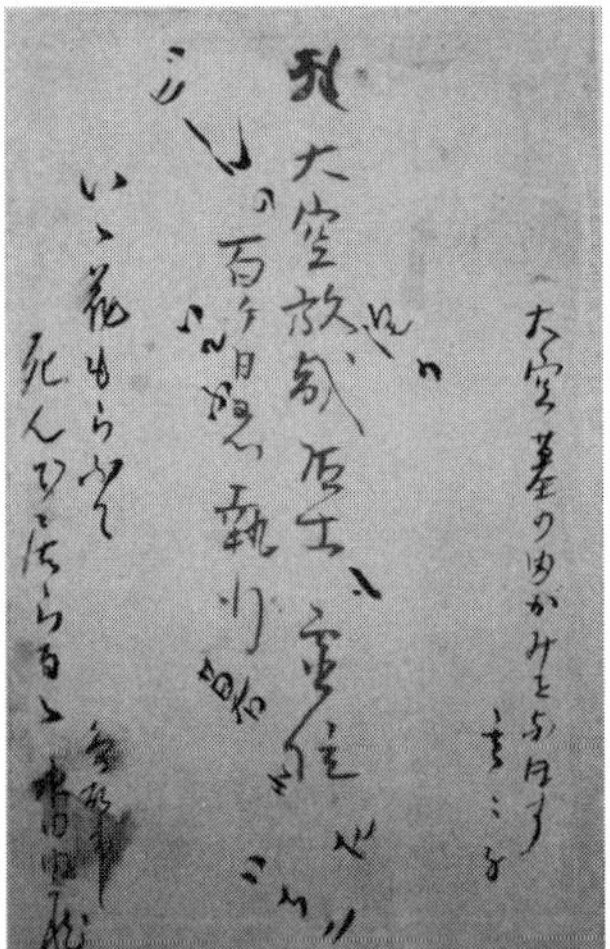
図20　大空放哉居士百ケ日忌執行の寄せ書き（所蔵：鳥取県立図書館）

大正一五（一九二六）年四月七日の夜、身の回りの世話をしてくれていた裏の老婆に看取られ、瞑目。肋膜炎から咽頭結核へと病状が進んだ末の往生であった。

亡骸は、すでに火葬の準備が整えられていたところを、「土カケテモラフ事ダケ」と最後の葉書で頼まれた井泉水が、放哉の強い遺志を伝え、一旦庵の裏山に土葬にされた。一周忌を待って火葬されたのち、西光寺の墓所に墓が建てられた。

五輪塔の墓石には、井泉水の字で「大空放哉居士」と刻まれている。「大空《たいくう》」とは、玄々子が真言宗の経典から選んだ文字だが、当初「大空院心月放哉居士」としていたものを、放哉に院号は似つかわしくないとして、この戒名に落ち着いた（図20）。「大空のました帽子かぶらず」の句にも通じ、没後に編まれた句集の題ともなった。遺骨の一部は、妻の馨が故郷に持ち帰り、菩提寺である興禅寺の墓地に納めた。ここにも、井泉水の揮毫による句碑「春の山のうしろから烟が出だした」（辞世）が、同人の寄進で建てられた。

訃報を聞いてすぐ、井泉水は『層雲』誌上で「其人の生活と其句とが一枚の真純さにとけ入つて、吐く息の悉くが句となつて生きるといふ所まで行つた人」と放哉を称えた。

さりげない日常を切り取ったほんの数文字が、いつの時代にあっても、それを目にした人それぞれの色をまとって胸に響く。流浪の果て、身を削るようにして生まれた放哉の句は、無限の命を与えられ、今なお光を放ち続けている。

III・越境と雄飛

異国への漂流

桂川甫周編『北槎聞略』
寛政六(一七九四)年

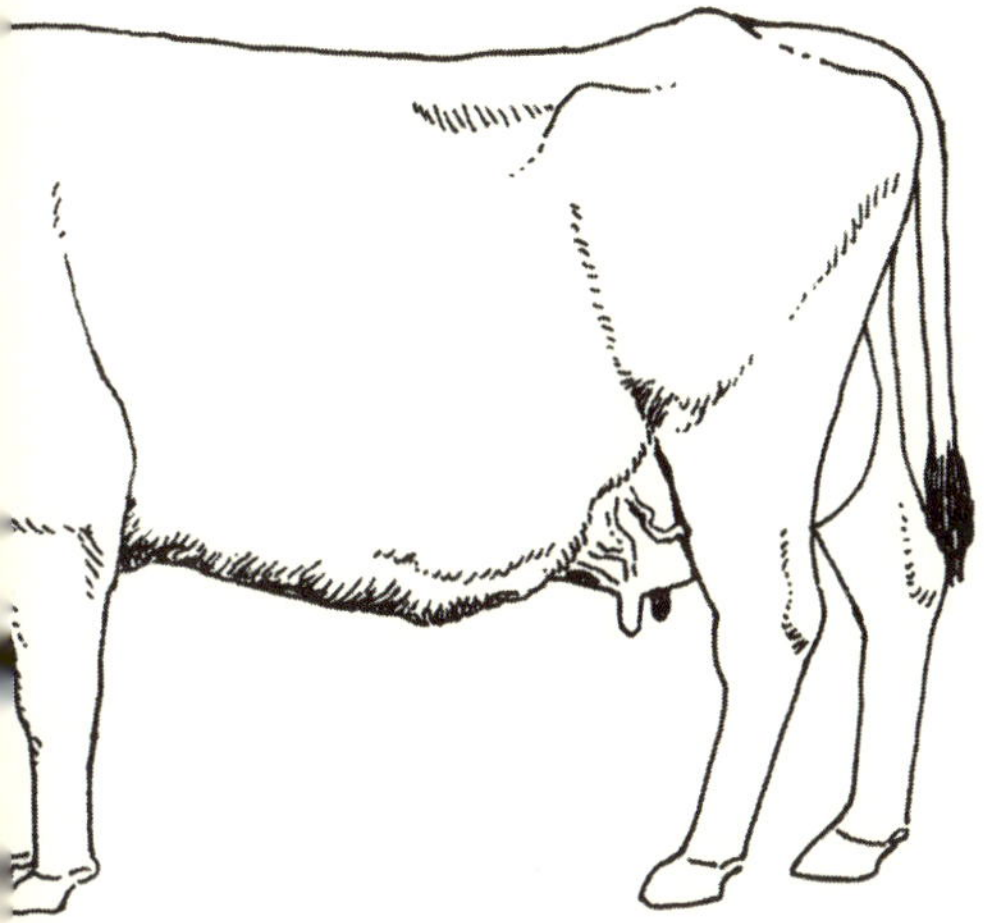

大黒屋光太夫（一七五一〜一八二八）は、
伊勢国白子（三重県鈴鹿市）の廻船の船頭。
天明二（一七八二）年に江戸へ向かう途中で嵐に遭遇、
ロシア領の島に漂着し、そこから一〇年の歳月を経て
帰国を果たす。
生還した光太夫と磯吉から、儒者の桂川甫周が、幕命により
漂流体験や異国での見聞を聴取し、
本文一一巻と図版や地図などから成る『北槎聞略』を著した。

大黒屋光太夫

漂流からの生還

寛政四年九月三日（一七九二年一〇月七日）[1]、蝦夷地東端の根室沖に、大砲の轟音が響いた。ロシア使節を乗せた帆船エカテリーナ号が、日本人漂流民三人の送還と通商を求めて来航したのである。

西別で応対にあたった松前藩の役人たちは、三人のいでたちを見ていぶかしんだ。日本人だというが、総髪でロシアの衣服をまとい、話す言葉にも時折ロシア語が混ざっている。偽って上陸をもくろむロシア人なのではないか——。

食事をとらせてみた。ロシア人たちは、箸を逆につかんだり、椀の中身を取りこぼしたり、見苦しいことこの上ない。それにひきかえ、かの三人は、箸の使い方から飯の食い方まで申し分なく、確かに日本人であることがわかった。

やがて彼らの身元が知れる。約一〇年前、駿河沖で行方不明になった伊勢白子の廻船「神昌丸」の船頭、大黒屋光太夫（四二歳）と、荷物賄方《にもつまかないかた》の小市（四六歳）、水手《かこ》の磯吉（二九歳）。小市は不幸にして根室滞在中に病死するが、生還した光太夫と磯吉の二人は、当時ほとんど情報がなかったロシアを知る貴重な存在として、将軍に謁見まで許され、詳細な口述記録がとられた。

以下、光太夫の口述をもとにまとめられた『北槎聞略』（桂川甫周編）と、磯吉の口述記録である『魯西亜国漂船聞書』（編者不明）から、異境での苦難の日々を生き抜いた彼らの食体験を拾ってみたい。

図21　大黒屋光太夫・磯吉画幅（所蔵：大黒屋光太夫記念館）

遭難、アムチトカ島に漂着

神昌丸が白子を出帆したのは、天明二年一二月一三日（一七八三年一月四日）。乗員は、船頭の光太夫以下一七名で、積荷は、紀州藩の廻米と、瓦、木綿、薬種、紙、膳椀具などである。順調に行けば、三日で江戸に着くはずだった。

夜半、駿河沖で天候が一変する。強烈な北風と西風とが渦巻き、高波が船体を直撃する。舵が壊れ、乗員全員、髷《まげ》のもとどりを切って一心に神仏の加護を祈るが、明け方になってもおさまらない。ついに帆柱を切って上荷《うわに》も撥ね、波にまかせて漂うばかりとなった。

それからの約七か月、船は北太平洋の大海原をさまよう。洋上で彼らの命を繋いだのは積荷の米と薪だった。船には竈《かまど》の設備があり、手製の小さな杵で玄米を搗く作業は、乗員のちょうどよい気晴らしになった。問題は水で、一時底を突き、強烈な渇きに襲われる。運よく雨が降ったので、これを溜めてその後をしのいだ。しかし、半年もすると、腰が萎えて臥せる者や鳥目を訴える者が出始めた。七月になって、一人目の死者が出る。酒樽に入れて水葬にした数日後、島影が見え、アレウト（アリューシャン）列島のアムチトカ島に流れ着いた。

島には人が住んでいた。おかっぱ頭に赤黒い顔。鳥の羽根で作った衣装を身につけ、鬼のようにも見える。言葉はまったく通じない。

ここで光太夫たちがとった行動が興味深い。仮のねぐらの洞穴に石で竈をこしらえ、船から運んだ釜で米を炊いて握り飯を作る。それを近寄ってきた島民にも分けたのだ。見知らぬ土地に流れ着き、これから先の見通しも立たない時である。手持ちの食料は、なるべく節約したいと考えるのが普通ではないか。

さらに驚くのは、島民が握り飯を受け取ったことである。米を食べる習慣がないため、一口ほおばってすぐ吐き出したが、他人が作ったものを食べるという行為は、信頼関係がなければ成り立たない。同じ食べ物を分かち合うことが、言葉を通わせる以上の意思疎通になることを、彼らも知っていたのだろう。

島はロシア領で、島民に獲らせたラッコの毛皮を本国に送るため、ロシア商人が駐在していた。まもなくそのロシア人に保護され、倉庫のような建物で寝起きした。木一本生えない荒涼とした島では、スタチキイというアイナメに似た魚の干物と、黒ユリの根をすりおろした汁が常食であった。

光太夫たちは、ロシア人が本国に帰る船が来るまでの四年をここで過ごした。その間に、最高齢の三五郎はじめ七人が衰弱して命を落とした。

ロシアでは、漂着した日本人の保護が徹底していたようだ。政策上、日本に関する知識が必要とされていて、漂流民をその拠り所としていたのである。サンクトペテルブルグやイルクーツクには日本語学校まであり、漂流民たちは、日本語教師として生活を保障され、ロシア人の妻を娶ってこの地に暮らしていた。そうした事情で光太夫らも、島を出てから、カムチャツカ・オホーツク・ヤクーツクを経てイルクーツクまで、役人に保護されながら移動を続ける。

光太夫は帰国後、ロシアで恐怖を感じたことといえば、寒気をおいてほかにない、と語っている。凍傷で、耳や鼻、手足までもが壊死する恐怖もさることながら、食べ物が枯渇する危機も、身をもって体験したからである。

カムチャツカに到着したのが、一七八七年八月二三日。役人の家に滞在し、麦の焼餅（パン）と干魚を供される。白酒のような汁も出され、その美味に驚嘆する。が、牛の乳だとわかってからは、肉とともに口にしなくなった。

この地では、九月には早くも雪が降り、翌年の四～五月頃まで氷に閉ざされる。食料も、寒気が強まるにつれ乏しくなり、一一月には麦・魚ともに底を突いてしまった。役人が苦心して手に入れてくれた牛の腿二本を、是非もなく分け合って飢えをしのぐ。二か月ほどでそれも尽き、桜の甘皮と犬の餌用の魚卵をすり混ぜて蒸したり、小麦が入っていた皮袋を刻んで煮たりと、極限状態に陥る。

まもなく雪解けという四月、最年少の与惣松が息絶え、続いて二人が病死した。いずれも、腿から足先まで青黒く腫れあがり、しまいには歯茎が崩れる壊血病の症状だった。ロシア正教の信者以外は墓地への埋葬が許されず、三人は垣根の外に穿った穴に埋められた。

五月、氷が溶け、水面が黒く見えるほどの魚の大群が川を遡ってきた。網で獲り、水煮にすると実にうまかった。魚は種類を変えながら次々と現れ、長く続いた飢餓からようやく解放された。

イルクーツクでの饗応

六人になった一行は、一七八九年二月七日、バイカル湖に近いシベリア第一の都市、イルクーツクに着いた。

漂着から六年を経て、言葉も覚え、食べ物に困ることもなくなっていたが、ヤクーツクからここまで、厳冬期のシベリアを馬橇で二か月も移動してきたので、庄蔵が片脚に凍傷を患った。病状は重く、切断手術を余儀なくされる。庄蔵はその後、施療院で養生し、義足で歩けるまでに回復するが、帰国が叶わないことへの諦めから、洗礼を受けて改宗する。

このイルクーツクで、学者のキリル・ラクスマンと出会わなければ、おそらく光太夫も、過去の漂流民たちと同様に、ロシアに留まり一生を終えることになっただろう。キリルは、帰国を熱望する光太夫らの境遇に深く同情し、献身的に援助する。そして、光太夫を伴って帝都のサンクトペテルブルグまで行き、女帝エカテリーナ二世から直々に帰国の許しを得るのである。

帰国を嘆願してから許可が下りるまでには、二年半を要した。その間に一人が病死、一行は五人となる。

イルクーツクでは、日本人漂流民の子孫や知識人たちに招かれ、乞われるままに漂流の様子を語り、饗応に与る機会があったようだ。記録では、数十種類にもおよぶ料理が食卓に並び、大きな肉の塊、ニワトリやアヒルの丸煮などが出されたとある。食事時のマナーも、小刀（ナイフ）・匙・クマデ（フォーク）の置き方や白布の手拭（ナプキン）の使い方に至るまで詳しい。こうした席に呼ばれるごとに覚えたのだろうが、隙のない観察ぶりには驚かされる。

帰国と別れ

帰国のための船の手配が整い、一七九二年五月二〇日、イルクーツクを出立した。親しくなった地元の人たちから、餞別として、パン二貫匁・卵一〇〇個・ニワトリ三羽・茶二袋などの道中の食料をもらい、これらを荷車に積んだ。

待ちに待ったこの日は、別れの日でもあった。国禁である改宗を選んだ庄蔵と新蔵が、ここに残るからである。とりわけ、片脚を失くした庄蔵は、何度も転びながら追いかけてきて、子どものように泣き叫んだ。その声がいつまでも耳に残り、断腸の思いであったと、光太夫は回想している。

一〇年間のロシア滞在で、光太夫たちは、木の皮まで口にするような飢餓状態から、貴人の豪勢な食卓に至るまで、あらゆる階層の生活を体験した。この見聞の幅広さが、帰国後に質の高い口述記録を生んだ。

帰国が叶った光太夫と磯吉は、幕府の養い人となり、妻帯もして江戸市民となった。鎖国下にあっては異例の厚遇といってよい。

享和二（一八〇二）年、光太夫は伊勢に帰省した。船頭として、全員を連れて帰れなかったことに、深い自責の念があったのだろう。伊勢神宮に参拝し、同郷の乗員たちの遺族を訪ね歩いた。贖罪の旅を終え、光太夫の長い漂流の旅も終わった。白子の浜を出帆してから、二〇年が経っていた。

（1）西暦はロシア帝国で用いられていたユリウス暦（グレゴリウス暦以前の太陽暦）で表記。

鯨を追って

河田小龍『漂巽紀略』
嘉永五（一八五二）年他

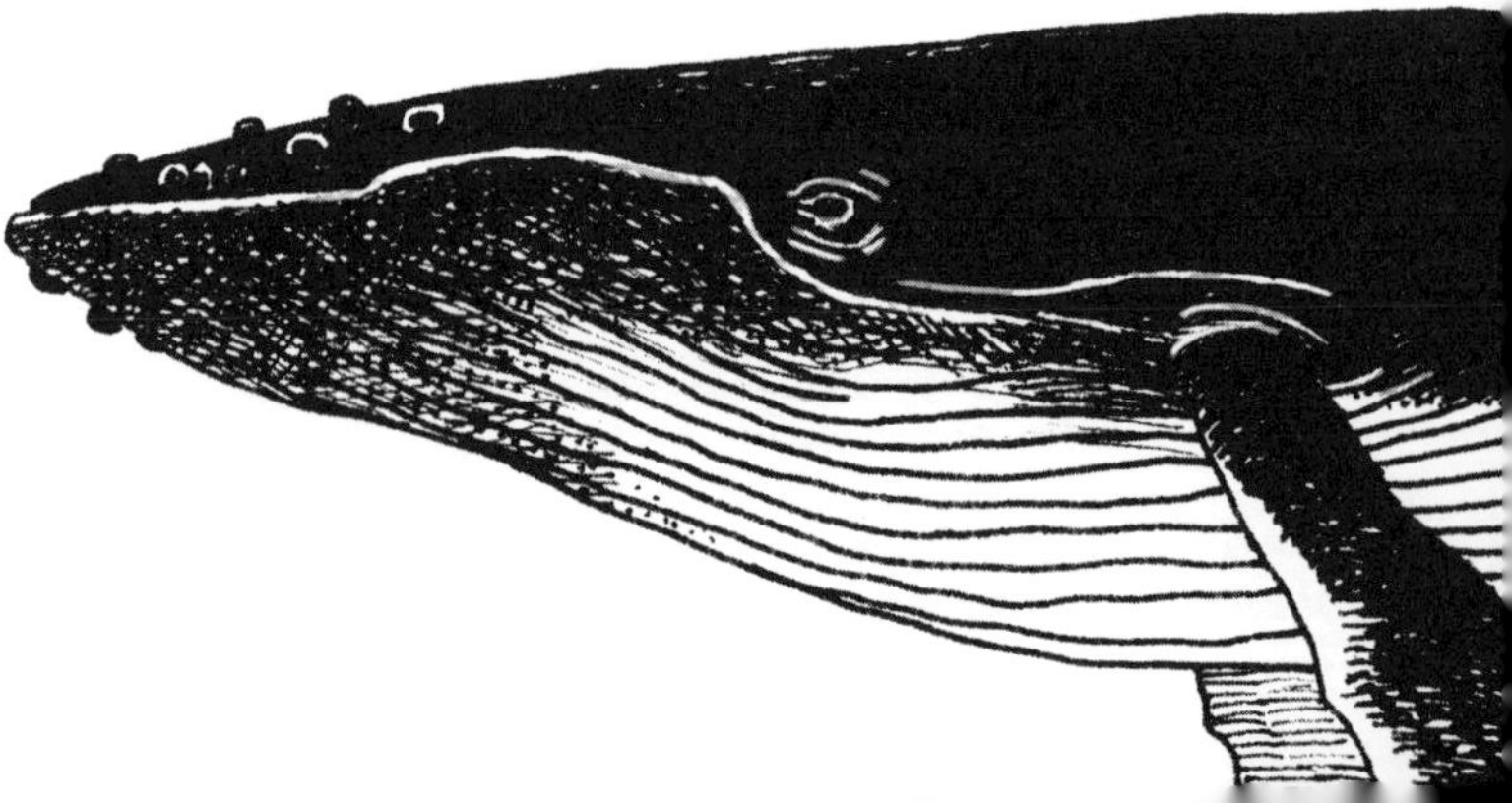

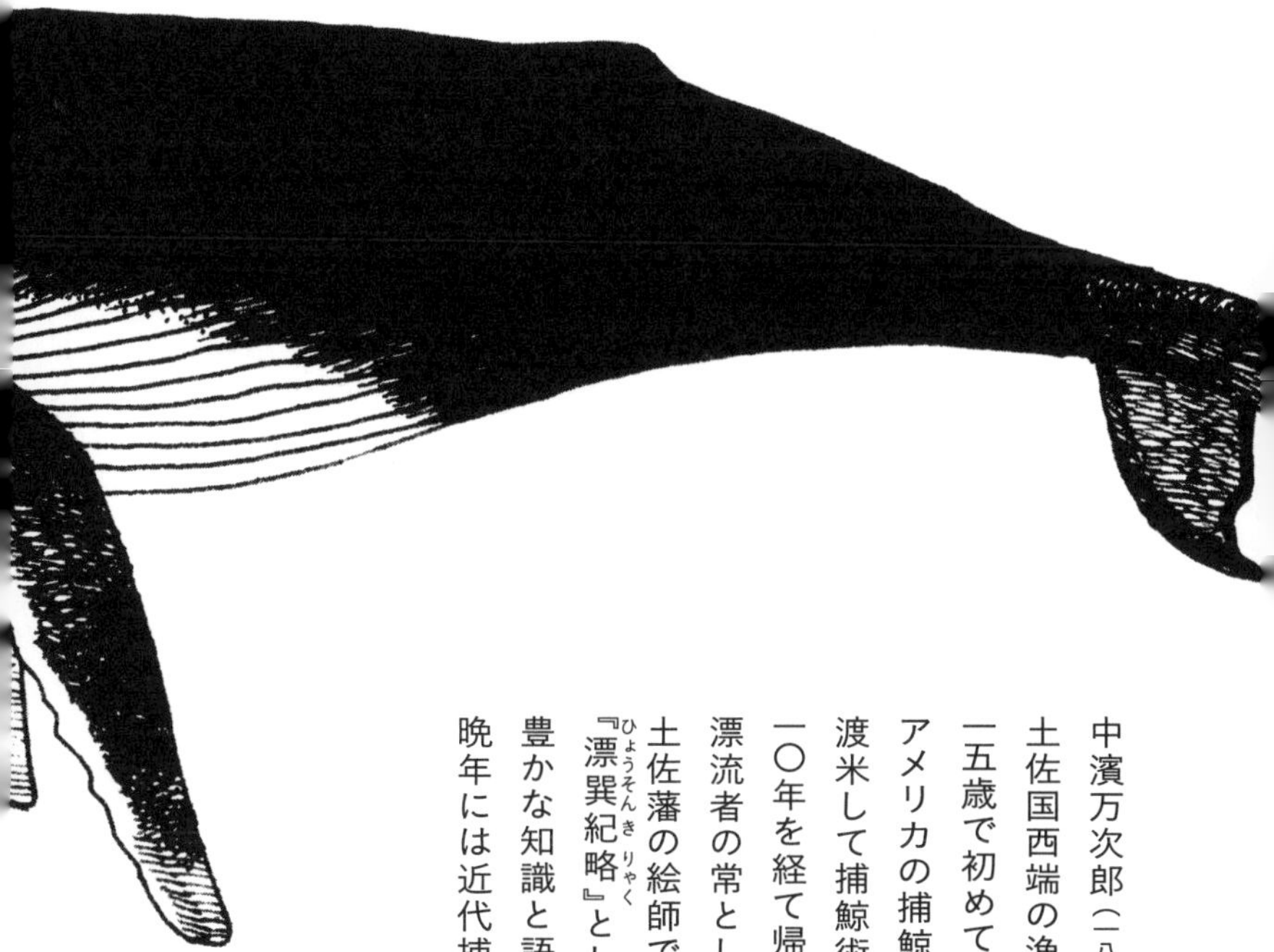

中濱万次郎（一八二七〜一八九八）は、
土佐国西端の漁村、中ノ浜に生まれる。
一五歳で初めて乗り込んだ漁船が遭難し、鳥島に漂着。
アメリカの捕鯨船に救出され、
渡米して捕鯨術や航海術などを習得ののち、
一〇年を経て帰国した。
漂流者の常としてさまざまな調書がとられたほか、
土佐藩の絵師である河田小龍が、万次郎の聞き書きを
『漂巽《ひょうそん》紀略《きりゃく》』としてまとめている。
豊かな知識と語学力から幕府や明治政府に重用され、
晩年には近代捕鯨術の普及にも心を砕いた。

中濱万次郎

漁船の炊きとして

万次郎が生まれた中ノ浜（高知県土佐清水市）は、太平洋に突き出た足摺半島の西岸にある。周囲はメヂカ（ソウダガツオ）やサバなどの好漁場で知られ、港には各地の漁船が出入りした。そのひとつに、宇佐（土佐市）から来ていた船があり、万次郎は数え年一五でそこへ奉公に出た。中ノ浜から宇佐までは一三〇kmあまり。当時の一五歳といえば巣立ちの年頃ではあるが、それにしてもずいぶん遠い。

「生質活発ニシテ騒シク、親々ノ手ニモ合ヒカタク…」。後年の調書に記された、少年万次郎の評である。九歳で父が他界。兄は病弱。自力で道を切り拓く気概とともに、いささか型破りな気質も培われたものか。その後の過酷な漂流を生きぬく素地は、充分に備わっていたとみえる。

天保一二（一八四二）年一月五日、宇佐の船頭、筆之丞が舵をとる長さ四間一尺（約七・六メートル）

の漁船に、最年少の炊《かし》き（炊事係兼雑用係）として乗り込む。船頭以下五名。二斗五升の米と薪を積み、西の漁場へと向かう。

近場でほんの数日、延縄《はえなわ》漁をして帰るはずだった。未経験の万次郎はじめ、熟練の漕ぎ手を欠く筆之丞の船は、足が遅い。魚影を求めて沿海を行くこと丸二日、ようやくアジの群れに行きあい延縄を降ろす。

これを逃せば後がないという焦りが、あるいは船頭の勘にわずかな狂いを生じさせたのだろうか。

一月七日の昼過ぎ、夢中になって縄を繰るうち、またたくまに西方から赤雲がたちこめ、強烈な北西風《あなせ》が吹きつけてきた。半分まで引きあげた縄を途中で切り、岸に漕ぎ寄せようと躍起になるが、思うように進まない。陽が傾き、潮煙で周囲が霞む。激浪にもまれて櫓《ろ》が折れ、予備の櫓まで流失して、ついに制御不能に陥った。

八日朝、土佐の東端、室戸岬が目と鼻の先にまで迫ってきた。だが、風は岸のほうから吹いており、櫓を失った船になす術はない。鯨の遠見《とおみ》番もこの日はおらず、誰にも気づかれないままむなしく通り過ぎる。紀伊半島の山並みがかすかに見えたのを最後に、陸が視界から消えた。

太平洋沖を流れる黒潮は、当時、黒瀬川と呼ばれ恐れられていた。万次郎たちがこれに乗ったことを自覚したのが一〇日。「其早《はやき》コト箭《や》ノコトシ」（『漂洋瑣談』）とあるとおり、ただ風に流されるのとは明らかに異なる船足であった。

ここから先は、もはや強運としかいいようがない。

たまたまこの年に、潮岬《しおのみさき》沖から南東方面への黒潮大蛇行が起きていたこと。それがため、伊豆諸島南方の鳥島に流れついたこと。そして、運よく通りがかったアメリカの捕鯨船が、海亀を探しに島へボートを差し向けたこと。

どれかひとつ欠けたとしても、生き延びることはできなかっただろう。些細なきっかけで始まった万次郎の漂流は、いくつかの偶然が重なった結果、世界を駆ける勇壮な旅になったのである。

漂着した鳥島で

漂流から七日目の一月一三日、無人島の鳥島にたどり着いた時には食料が尽きていた。激しい飢渇に耐えかねて、岩礁に阻まれながらも決死の着岸を試みる。この時の心情が「責《せめ》テハ今一度快ク水ヲ呑《のん》テ死《しな》ン」（『漂洋瑣談』）というのだから、想像を絶する苦しみだったことがうかがえる。

それから救出までの約四か月、ひとりの死者も出さずにすんだのは、島に生息するトウクロウ（アホウドリ）のおかげだった。着岸の衝撃で船は粉砕、釣り道具も失った彼らにとって、数千羽ものトウクロウは何よりの食料になった。

巣を見つけては棒で打ち殺し、船の破片からとりおいた釘で皮を剝ぐ。海水で洗った肉を石でたたき、岩の上で陽にあてて乾かす。これを石焼とよび、一日にひとり二〜三羽を食べて飢えをしのいだ。この石焼を万次郎は好んで食したが、筆之丞は肉の臭みがどうにも苦手だったようだ。万次郎は一五歳、筆之丞は三八歳。異文化を抵抗なく受け入れるのは、若さの特権とでもいうべきか。

難儀なのは、水だった。雨水や岩から滴る水を桶に溜め、牡蠣《かき》殻を柄杓にこれを飲む。渇水に備えて、トウクロウの石焼一羽につき牡蠣殻の水一杯と決め、いよいよこれがかれると各自の小水さえ口にした。

暖気の季節となり、繁殖期を終えたトウクロウたちが、北へと去り始めた。海草や貝、木の芽などを採ってきて皆で分け合うが、足を痛めて動けなくなっていた重助（筆之丞の弟）に加え、この頃から筆之丞も目に見えて衰弱してきた。

以前、山の上でみつけた古井戸と、その脇にあった二つの墳墓が思い出された。ここに流れ着いた者の末路が、すぐそこまで近づいていた。

宵に三日月を見てから二日ほどたった明け方、万次郎の次に若い五右衛門が、南東の海上彼方に白帆を見つけた。巨大な異国船であることがわかるほど近づいてきたので、壊れた船の帆桁に服を結び、懸命に振る。ひとたび通り過ぎたかに思われたが、島影に停泊したのを今度は万次郎が見つけ、漕ぎ寄せてきた二艘のボートに助けを求めた。

後に、帰国した万次郎たちの聞き書きをまとめた漂流記は多数あり、日付や細部の記録にばらつきはあるものの、その内容はおおよそ共通している。命からがらたどり着いた無人島で、彼らがどうやって月日を数えたものかわからないが、ただ生きることがすべてという日々のなか、五感をとおして刻みこまれた記憶は、年数がたっても薄れることはなかったのだろう。

救助した捕鯨船ジョン・ハウランド号の航海記録によると、この日は一八四一年六月二七日（天保一二年五月九日）だった。

異国人など見たこともない五人である。「鍋の尻に目と歯を付ケ」（『漂客談奇』）たような黒人もいて、「皆々これを震恐しく」（『漂巽紀略』）思ったとある。一方の捕鯨船員も「彼らが飢えていること以外、何もわからない」状況にありながら、身振り手振りをとおして、互いに意志をかよわせていく。

異国船の炊きが、蒸したサツマイモをかかえてきた。五人が手を出すと船長がこれを止め、かわりに少しの豚肉と汁一碗をくれた。飢餓状態から急に大食すればかえって命が危ない。徐々に食べ物を増やし、やがて日本人であることが知れてからは、米の飯をくれるようにもなった。

島を離れた船は、それからも捕鯨の航海を続けた。五か月間で一五頭ほどを仕留め、一一月二〇日（以後、帰国までの年月日は太陽暦）、ハワイ・オアフ島のホノルルに入港した。

ジョン・マンとして生きる

万次郎の強運にもうひとつ付け加えるなら、それは、ホイットフィールド船長との出会いだろう。救助した直後から船長は、物覚えがよく機転もきく万次郎の資質を見抜いていたようだ。ホノルルで一行の身柄を役人に託したあと、万次郎ひとりを本国に連れ帰る。

一八四一年一二月一日、ホノルルを出航。西に進路をとり、グアム、台湾を回ってタヒチへ。そこから南米最南端のケープホーンを通って大西洋に出る。母港である北米東海岸のマサチューセッツ州ニューベッドフォードに帰港したのは、一八四三年五月六日。鳥島で救助されてから、およそ二年を捕鯨船上で過ごしたことになる。

そもそも、漁師の修業を志して、中ノ浜から宇佐に出た万次郎である。門出が漂流とはいかにも不運だが、そこから一転、西洋の最先端の捕鯨術を実地で身につけることになった。さらに船長は、自宅近くの学校に万次郎を通わせ、英語のほか、航海術や測量術まで学ばせた。自活のため樽《たる》屋に年季奉公に出て、樽作りの技術も取得した。

ジョン・マン（John Mung）とは、捕鯨船員たちが彼につけた愛称である。ジョン・ハウランド号からとったこの名を当人も気に入って、その後も長くサインとして使っている。言葉に不自由はなく、日曜日には教会に行った。親切な隣人に囲まれ、ここで仕事を得て暮らしを立てることも十分可能だった。

国外に出たものが帰国するには、大きな困難が待ち構えていることを、万次郎も当然知っていただろう。だが彼は、必ず帰るという意志を持ち続け、それを実行する。

一八四六年五月、ジョン・ハウランド号の元同僚の誘いで、捕鯨船に乗ることになった。この船は日本近海に行くので、帰国の糸口をつかむことができるのではないかと考えたのである。実際に仙台の漁船団と遭遇はしたものの、言葉も通じずそのまま引き返した。帰路、ホノルルに寄り、別れたままになっていた伝蔵（筆之丞を改名）、寅右衛門、五右衛門と七年ぶりに再会。重助が二年前に病没したことを知る。伝蔵たちも、何度か帰国を試みては失敗を繰り返しており、涙ながらにそのいきさつを語った。

漫然と機会を待っていては、どうやら帰れそうにない。帰国には、綿密な計画と、それを実行するための資金が必要であった。

一八四九年九月、ニューベッドフォードに帰港し、分配金を手にした万次郎は、それを元手に金採掘に沸くカリフォルニアへと旅立つ。東海岸から西海岸へは、時間はかかるが船が安全だというので、フェアヘーブンから船に乗り、南米を回って行くことにする。サンフランシスコ上陸は翌年の五月。蒸気船に乗りかえて、サクラメントまで川を遡る。

州都サクラメントは汽車が通る繁華な土地で、宿屋や娼家などもあり、一攫千金を狙う男たちで賑わっていた。中にはならず者や犯罪者もいて、万次郎はピストル二挺を携え金山《きんざん》に入った。初めは人に雇われ、三〇日ほどで一八〇ドル稼いだ。これで道具を揃え、あとは独力で採掘し、結果七〇日で六〇〇ドルを得た。

一八五〇年九月、金山を下り、カリフォルニアから船でハワイに向かった。一〇月、ホノルルに到着、待っていた仲間に会う。寅右衛門だけは、仕事も家庭もあるので帰らないといい、万次郎と伝蔵、五右衛門の三人で帰国することにした。

金山で稼いだ金でボートを買い、ちょうど入港してきた上海行きの大型船に交渉して、ボートを積み込み同乗する。一二月一七日、ホノルルを出航。かねてからの計画どおり、琉球に近づいたところでボートを下ろし、摩文仁間切《まぶにまぎり》（沖縄県糸満市）に上陸した。嘉永四年一月三日（一八五一年二月三日）。宇佐を出てから、丸一〇年が経っていた。

たどり着いた母国

追い返されるか、尋問を受けるか、果ては国禁により死罪となるか――。

帰国に際しての緊張は、異国の土を踏んだ時の比ではなかったはずだ。当時唯一の外交窓口だった長崎ではなく、あえて琉球を上陸地に選んだのも、いかに彼らが慎重であったかを物語る。フェアヘーブンを離れる時、世話になった友人のもとを訪れた万次郎は、なぜ帰るのかを聞かれ、こう答えたという。「ここは自分の国ではない」。

万次郎にとっての「国」とは何か。おそらくそれは日本国のことではなく、郷里の土佐国、中ノ浜であった。帰国後の所持品リストに記された「木綿袷《あわせ》半てん」。宇佐に出る万次郎のため、母親が縫った「どんさ」と呼ばれる着物である。思いのほか遠いところへ行くことになったが、あくまでそれは「奉公」で、いずれ一人前になって故郷に帰り、母にその姿を見せることが、見知らぬ異国での心の支えだったのではあるまいか。

万次郎が中ノ浜に帰って母との対面を果たしたのは、上陸から一年半以上を経た嘉永五（一八五二）年一〇月。その間、那覇や長崎、そして高知城下でも度重なる取り調べを受けている。罪に問われることはなかったが、異国船の来訪が頻繁になってきたこの頃、漂流民は、海外の実情を知る貴重な情報源だった。なかでも、高等教育まで受けた万次郎は、知識人たちの興味と羨望の的であった。

親族との邂逅もわずか三日、再び高知城下に戻り、御小者という身分で召し抱えられる。与えられた役目は、藩校での英語の教授。だがこの登用の陰には、西洋事情に通じすぎている万次郎を野におくことへの懸念があったことも否めない。

豊かな知識に対する表敬と、それゆえの警戒。開国に揺れる幕末の日本で、万次郎はその後も、交差するふたつのまなざしに翻弄される。

嘉永六（一八五三）年六月、ペリー率いるアメリカの艦隊が来航。二七歳の万次郎は江戸に呼ばれ、幕府直参となった。中濱姓を名乗るのは、この時からである。翌年一月、再来したペリー艦隊との条約交渉が始まる。万次郎を通訳にという動きに対し、幕府上層部で反対の声が上がった。アメリカに長く暮らした万次郎が、先方の有利なように話を進めるのではないかという疑念からだった。結局、交渉はオランダ語の通詞を介して行われた。

その後の万次郎は、結婚をし、築地にできた軍艦教授所の教授に任命されて、アメリカの航海書の翻訳などしていたが、国事にかかわる大役が再びめぐってくる。

安政七（一八六〇）年一月、日米修好通商条約の批准書交換のため、幕府使節がアメリカに派遣されることになり、同行する軍艦咸臨丸《かんりんまる》への乗船を命じられたのである。咸臨丸にはアメリカ海軍のブルック大尉ら一〇名ほどが同乗しており、周囲の目を気にしてか、万次郎の言動は万事控えめであった。

三七日間の航海は荒天が続き、日本人初の太平洋横断をうたいながら、実際にはブルックたちアメリカ人と万次郎が頼みの綱だった。ブルックの日記には、万次郎への賛辞とともにそのことが書かれているが、万次郎自身は何も語っていない。

明治三（一八七〇）年八月、明治新政府の開成学校（東京大学の前身のひとつ）に出仕していた万次郎は、普仏戦争の視察を命じられ、ヨーロッパへと旅立った。経由地のニューヨークで数日の船待ちがあり、この間にフェアヘーブンへと足を運んだ。かつてカリフォルニアの金山に出発して以来、会わないままになっていたホイットフィールド船長と、二〇年ぶりに再会するためだった。

「あなたは、地球上で一番大切な友。そして、大いなる神です」。アメリカで帰国の道を模索していた頃、旅先から船長に宛てて送った手紙の一文である。その船長から手ほどきを受けた近代捕鯨術。これを日本で発展させることが、万次郎のたっての願いであり、命を救ってくれた人たちへの恩返しだった。幕末の混乱で頓挫したが、その後も熱はさめなかったようだ。六〇歳を過ぎてなお、小笠原周辺に船を出している。

編集者で著述家の石井研堂は、晩年の万次郎に会った時の印象を、「容顔は壮丁《そうてい》の如く、眼光の英気人を射る」（『中濱萬次郎』）と記す。役人からは監視され、尊攘派からも命を狙われ、護身用の短銃を離さなかったという万次郎にとって、どこまでも続く大海原は、心を解き放つことのできるただひとつの場所だったのかもしれない。

波瀾に満ちた稀有なる積日への思いを、ついに自らの手で書き残すことはなかった。明治三一年、寡黙なまま世を去る。七二歳だった。

図22　中濱万次郎（ジョン万次郎）満48歳の写真。明治8年に高知でアメリカ人が写す（写真提供：万次郎直系5代目中濱京氏）

黒船の饗宴

M・C・ペリー（土屋喬雄・玉城肇訳）『ペルリ提督日本遠征記』
一九三六年（原書は一八五六年）

ペリー艦隊と幕吏たち

鎖国政策を貫いてきた日本が開国へと舵を切ることになった
嘉永六（一八五三）年のペリー来航。
ペリー提督の「日本遠征記」と一般に称される書は、
アメリカ合衆国政府がペリーの日記やノート、公文書等から
ペリーの監修のもとにまとめた公式記録で、
原書は一八五六年刊行。
日本の風俗習慣のみならず、各種の学術報告や
同行した画家による図版などが豊富に収録されている。

黒船来航

嘉永六年六月三日（太陽暦一八五三年七月八日）、浦賀沖に忽然と姿を現した四隻の外国船。日本中を震撼させた、ペリー率いるアメリカ東インド艦隊の来航である。

フィルモア大統領の親書を携え、ペリー一行がノーフォーク（バージニア州）の海軍基地を出航したのは、一八五二年一一月二四日。大西洋を渡り、アフリカ西岸沖を南下、ケープタウンを経由してインド洋に入り、モーリシャス、セイロン、シンガポールで燃料・食料を補給しながら、四月七日に香港に到着。そこからさらに上海、那覇、小笠原を経て、最終目的地である日本の本州にたどり着いた。

アメリカがメキシコ戦争の勝利によってカリフォルニアを領有したのは、一八四八年のことである。同年に起きたゴールドラッシュも追い風となって、太平洋を横断して中国に至る航路の開設に期待が高まった。太平洋航路の完成には、日本での石炭供給が不可欠だが、当の日本は厳重な鎖国体制下にある。まずはこれを解くのが急務であるとして、日本への遠征計画が浮上した。

一八世紀末頃から、日本近海には外国船がしばしば姿を見せるようになっていたが、ペリーの来航がことさら脅威を与えたのは、江戸湾の入り口に、四隻もの軍艦で現れたことにある。もっとも、当初は一二隻の大艦隊を編成する予定だったというから、実現していればどれほどの騒ぎとなったか計り知れない。ペリーの計画では、第一回は試験訪問。香港で艦隊を整えて再訪問し、本格的な交渉にあたる予定だったが、その試験訪問で久里浜上陸を果たし、親書を手渡すことに成功した。

こうして、二〇〇年あまり閉ざされてきた鎖国の扉が開かれることになるのだが、必ずしも武力の誇示だけでそれが遂行されたわけではない。文化を異にする人と人との出会いが、新しい時代の幕を開けたのである。そして、そのような出会いの場面では、食が重要な役割を果たした。アメリカ側の公式記録である『ペルリ提督日本遠征記』（以下、遠征記と略）から、食を通じた外交場面をみてみよう。

ペリーが食した日本料理

久里浜上陸後、香港へと一旦退去したペリー一行は、約半年後の一八五四年二月一三日、再び江戸湾に姿を現し、すでに測量を済ませてあった横浜近くの沖合まで船を進めて停泊した。総勢七隻（後日さらに二隻が合流）、前回のおよそ倍である。なんとしても武力衝突を避けたい幕府は、彼らを迎える応接地の選定に苦慮する。江戸湾入り口に留め置きたい幕府と、なるべく江戸近くまで進みたいペリー。宿場町の神奈川を希望するペリーに対し、当時まだ寒村だった横浜を提案して、なんとか折り合いがついた。

浦賀に準備していた応接所を急遽横浜に移し、三月八日、初めての会談が開かれた。ペリーは五〇〇人の隊列とともに物々しく上陸。部下三〇人を従えて、応接所での条約締結交渉に臨んだ。日本側は、林大学頭《だいがくのかみ》を首席とする五人の応接掛《かかり》と通訳が一人。この場での共通言語はオランダ語であった。まずは前回渡された大統領親書に対する回答に始まり、漂流民の保護と石炭・薪水・食料の供給は認めるが、希望する港の整備に五年ほどを要するのでその間は長崎でこれにあたること、そして通商には現時点で応じる意志がないという幕府の基本姿勢が示された。その後アメリカ側の条約草案が手渡され、応接掛が退席すると、直ちに酒と料理が運ばれてきた。上陸が正午頃であったから、遅めの昼食である。

昼食とはいえ、日本側の記録では、礼と贅を尽くした最高級の献立だった。式三献に則った酒と長熨斗《のし》、吸物ほか数十種類もの肴が出された後、本膳、二の膳、三の膳と続く。西洋人を意識してのことだろう。九年母《くねんぼ》というミカンに似た果物や、カステイラ、アルヘイ糖といったデザートも特別に用意されている。請け負ったのは幕府御用達の料理屋「百川《ももかわ》」といわれ、値は一人前がなんと金三両。破格のもてなしである。

ところがこの特別料理も、アメリカ人には今ひとつ響くものがなかったようだ。遠征記には「酒や果物と菓子やスープと魚とから成る饗応」とあるだけで、通訳のウィリアムズの日記にも「味付けはまんざらでもない」としながら「今日の料理は、これが標準かもしれないが、さして費用をかけたものではなかった」とある。日本側の饗宴は、その後日米和親条約が締結された三月三一日にも開かれているが、遠征記には「賓客達は自分等の前に設けられた異様な饗宴によって、ほんの僅かしか満足させられない食欲を抱いたまま立ち去ったことを白状しなければならない」と、明らかに物足りなかった様子がうかがえる。料理の種類は多いが、食卓や食器は小さく、盃も小さい。メインは魚で、総じて貧しいという印象であった。「お粗末さまでした」という謙遜さえも真に受けて、弁解だと思ったらしい。一方で琉球の料理を賞賛しているところをみると、肉や油を使った料理の有無が評価を分けたともいえる。

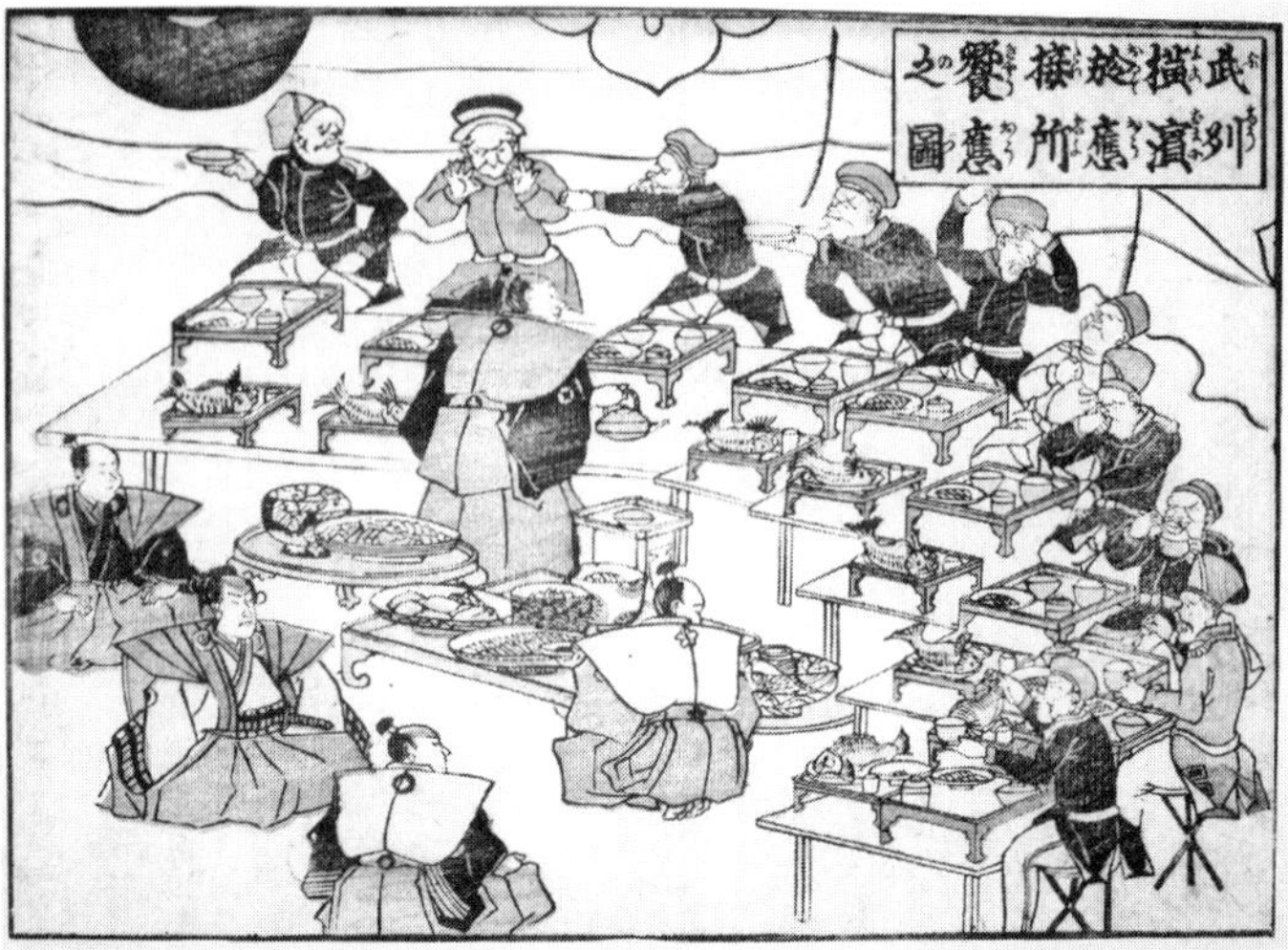

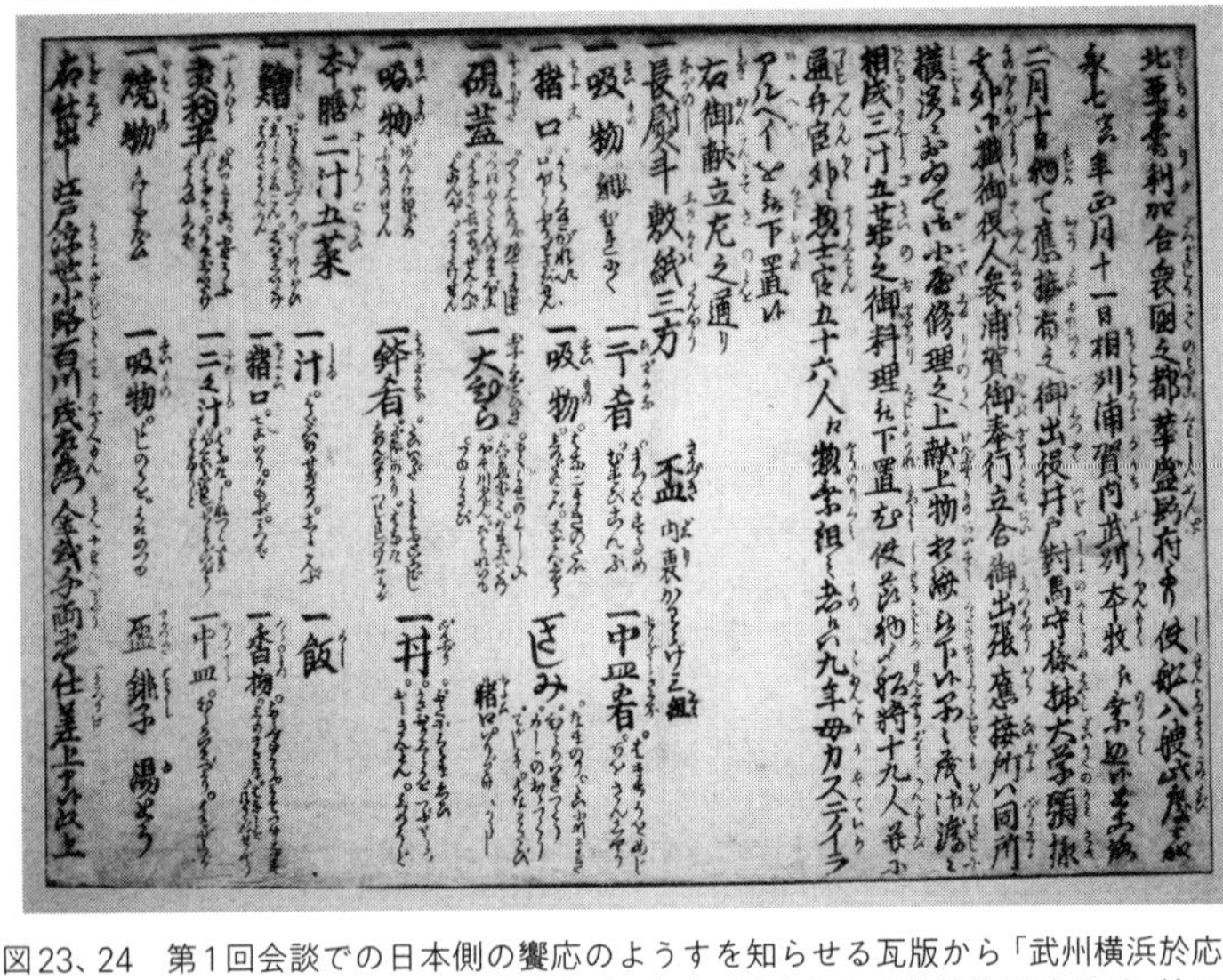

北亜墨利加合衆国之都華盛頓府ゟ使船八艘
嘉永七寅年正月十一日相州浦賀内武州本牧
二月十日初て應接有之御出役井戸對馬守様林大学頭様
其外御役人衆浦賀御奉行立合御出張應接所へ同所
横濱ニおゐて仮小屋修理之上献上物相納
相成三汁五菜之御料理被下置候使節物頭将十九人
通弁官外士官五十六人ニ数寄組ニ而九年母カステイラ
アルヘイとう下置候
右御献立左之通り
一 長熨斗敷紙三方
一 吸物
一 肴
盃
一 中皿肴
一 猪口
一 吸物
一 硯蓋
一 大鉢
一 丼
一 吸物
一 鉢肴
本膳二汁五菜
一 膾
一 汁
一 飯
一 猪口
一 二之汁
一 香物
一 焼物
一 吸物
一 中皿
盃 銚子 湯とう
右御料理 江戸浮世小路百川茂左衛門 金弐千両ニ而仕差上ル以上

図23、24　第1回会談での日本側の饗応のようすを知らせる瓦版から「武州横浜於応接所饗応之図」(上)、「ペリー一行饗応之献立」(下)。献立内容は比較的正確だが、絵は想像図である(所蔵：いずれも黒船館)

ただし、歓待の気持ちは十分通じている。最初の饗宴で席を外した応接掛に対し、「共にパンを分け合うのが友情の証拠」と呼びかけて、立場上同席を避けた林大学頭以外の全員がお相伴にあずかった。盃を交わすうちに緊張も解け、数日前に死亡した艦隊員を横浜の寺院へ埋葬することや、アメリカ側の晩餐会に招待したいという申し出が受理されて、初会談は和やかに終わった。

艦上の大宴会

条約交渉も大詰めとなった三月二七日、ペリーは七〇人ほどの日本の役人を旗艦ポーハタン号に招いた。艦内の大砲や機械の見学後、応接掛ら高官は司令長官室で、他の者は後甲板の大宴会場で、それぞれもてなしを受けた。ペリーはこの日の準備に並々ならぬ熱意で臨み、生きた牛・羊・鶏のほか、船内貯蔵用の肉・魚・野菜・果物などの食材をふんだんに使った料理と酒をふるまった。

おそらくこの宴会で最後まで平静を保った日本人は、林大学頭ひとりである。他はことごとく大飲大食し、酩酊したり大声をあげたり、たいへんな騒ぎであった。ワイン、シャンパン、マデラ酒、ポンチ（ワインやブランデーのカクテルの一種）といった洋酒にも全く臆することなく、食卓に盛られた西洋料理を、味付けや素材に関係なく次々と平らげていく。挙句、懐から取り出した紙に残り物を手当たり次第に詰め込んで、アメリカ人を唖然とさせる。しかしこれは「彼等の貧食の結果でも、教養の不足な結果でもなく、それは同国の風習であった」と理解を示しているのは、すでに日本側の饗宴で経験済みだったからだ。

日が沈み、賑やかな宴もお開きとなって、ご機嫌の日本人たちはそれぞれ用意されたボートで艦を後にした。その去り際、会談の場では終始冴えない表情で末席に座していた幕府儒者の松崎満太郎が、にわかにペリーの首に抱きつき、呂律《ろれつ》の回らない口でもって「日本とアメリカ、心は一つだ」と何度も繰り返した。

ペリーの狙いはまさにここにあった。飲食が互いの心の垣根を取り除く早道であることを、誰より知っていたのだ。それにしても、アメリカ人の日本料理への抵抗感に比べて、日本人の無節操ともとれる適応ぶりには驚かされる。もちろん多少の誇張はあるだろうが、おおむねこれは事実なのではないか。というのも、明治になって立食形式の宴会が初めて開かれた際に、同じような場面が繰り広げられているからである。

石井研堂著『明治事物起源増訂』（一九二六年）によれば、明治一二年に「横浜大夜会」なる催しが行われ、和洋折衷の料理を前にあちらこちらで人だかりができ、左手で盃を持ったまま右手で肉を切ろうとする者や、手づかみで食べてはその手を嘗める者もいて、子どもが我先に食べ物にありつこうとする様子と変わらない、と評されている。

開国から近代国家へ

ペリー一行が去って四年が経った安政五（一八五八）年、日本は欧米諸国と修好通商条約を結び、本格的な開国に踏み切った。開港地には外国人居留地ができ、ここから周辺へと西洋の飲食物や生活習慣がまたたくまに広がっていく。明治初めには、ついに政府が洋装を式服とし、宮中の正餐にもフランス料理が採用された。改暦、陸海軍の整備、鉄道敷設《ふせつ》など、国を挙げての開化策が次々と実施され、西洋文化との接触からわずか二〇年ほどでこれを我がものにしてしまった。

異文化に馴染み、柔軟にこれを受け入れたからこそ、日本は近代国家として新しいステージへと進んだ。そしてそれは、まぎれもなく現代の日本社会を支える礎になっている。だが、かのペリーの大艦隊に対峙した幕府の役人たちが、たとえそれしか方法がなかったにしろ、式三献に始まる武家の正式な饗膳で堂々とこれを迎えたことを、どこか潔く、そして羨ましく感じるのはなぜだろう。

吸収するばかりが異文化理解なのではない。互いの違いを違いとして認め合って初めて、本当の理解が生まれるのではないか。愚直とも思えるような幕末期の捨て身の外交が、それを教えてくれるのである。

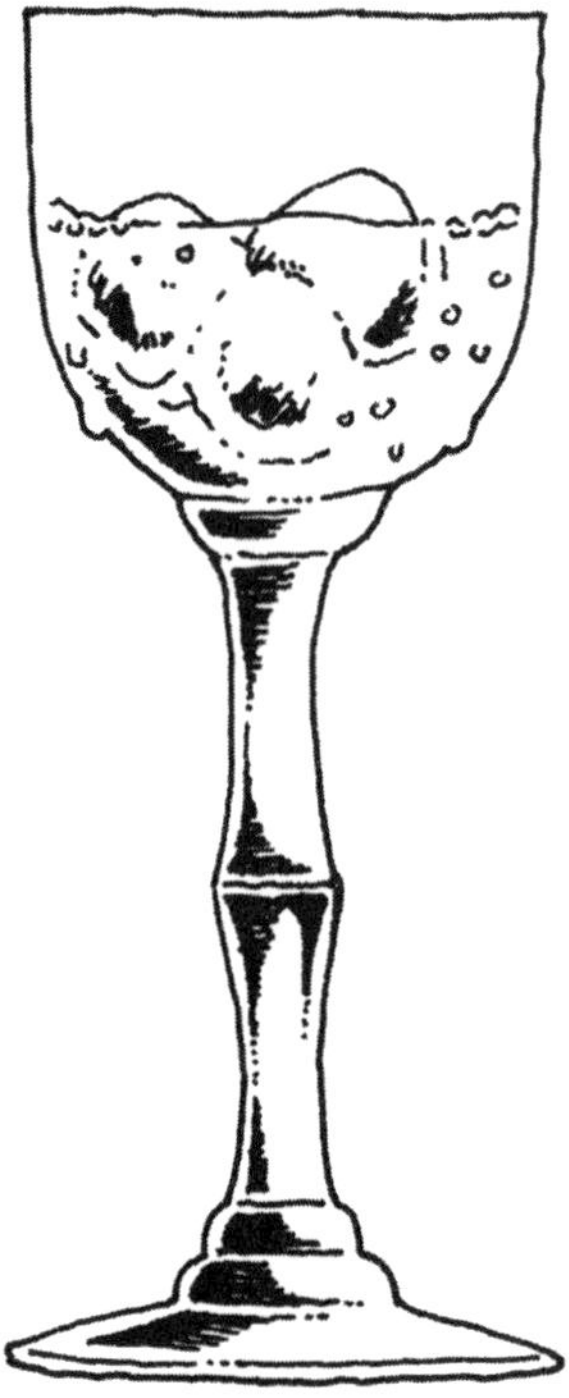

幕臣たちの文明体験

森田岡太郎「亜行日記」安政七（一八六〇）年
福沢諭吉『福翁自伝』明治三二（一八九九）年

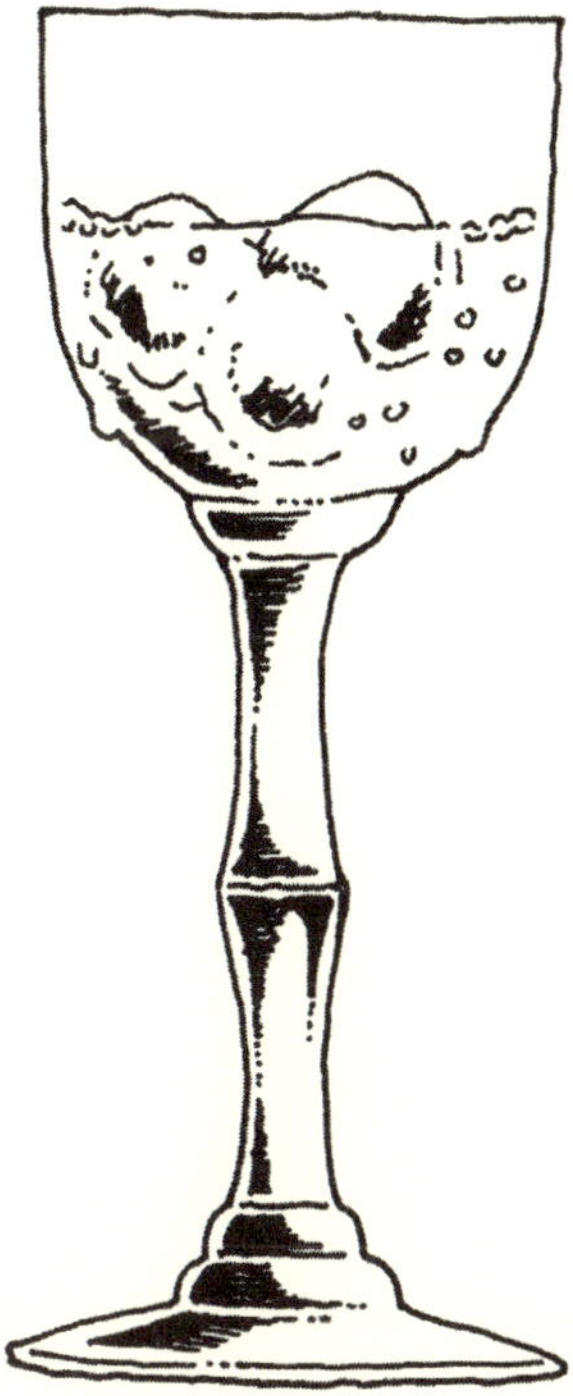

遣米使節団と福沢諭吉

幕臣の森田岡太郎（一八一二〜一八六一）は幕府派遣の使節団一員として、中津藩士の福沢諭吉（一八三五〜一九〇一）はこれに随伴した咸臨丸の乗員として、ともに安政七（一八六〇）年にアメリカへと渡った。

開国直後の幕末期、日本初の公式使節団が現地で接した西洋文明への驚きを、彼らの記録から知ることができる。

開国後初の公式使節団

安政七（一八六〇）年一月二二日、アメリカの蒸気船ポーハタン号が、サンフランシスコめざして横浜を出航した。乗船者は、新見正興を正使とする使節団一行七七名。ポーハタン号といえば、嘉永七（一八五四）年に再来日したペリー艦隊の旗艦。日米和親条約締結を前に、甲板で幕府の役人を招いての大宴会が繰り広げられたことは前の章で紹介した。その後安政五年にも来航して、日米修好通商条約締結の舞台ともなっている。使節団は、この条約の批准書交換のため派遣された、初の公式訪問団だった。

鎖国という神秘のベールに包まれた東洋の小国、日本。そこからやってきたサムライたちを、アメリカ市民は、好奇と、そして親しみのまなざしでもって迎えた。行く先々で群衆が集まり、歓迎の宴が催された。一方の彼らは、初めて触れた西洋の文物をどう感じたのか。使節団の面々が残した記録から探ってみよう。

福沢諭吉がみたアメリカ

ポーハタン号に先立つ一月一三日、品川から幕府の軍艦咸臨丸《かんりんまる》が出発した。乗員は、軍艦奉行の木村喜毅、軍艦操練所教授の勝海舟、本書でも紹介した通訳の中濱万次郎など九六名とアメリカ海軍の将兵一一名。使節団の警護と太平洋横断の実地訓練が目的である。

この時、木村の従者として同行したのが、福沢諭吉、二六歳。中津藩士の家に生まれ、蘭学を志して長崎に遊学するなどし、緒方洪庵の門に入って塾長にまでなる。二四歳で江戸に出て、意気揚々と開港間もない横浜見物に出かけたところ、苦労して身につけたオランダ語がまったく通じない。文字も読めない。愕然として、にわかに英語

図25　文久２年頃の福沢諭吉
（出典：国立国会図書館「近代日本人の肖像」(https://www.ndl.go.jp/portrait/datas/185/)）

の習得をめざすも、手段がない。英蘭対訳の辞書をやっとのことで手に入れ、独学で勉強し始めたところに、咸臨丸渡米の噂を聞きつける。伝手《つて》を頼りに嘆願し、木村の供を許され、船上の人となった。

オランダ製の咸臨丸は、蒸気船とはいえほんの一〇〇馬力程度で、出入港の際に石炭を焚くほかは、帆走である。嵐が続いて船は揺れに揺れ、とりわけ船長の勝麟太郎（海舟）は船酔いで、舵を取ることもできない。そうした中で福沢は、「牢屋に入って毎日毎夜大地震にあっていると思えばよい」と平然としていたそうだから、さすが肝が据わっている。出航前に皆で気炎をあげた浦賀の遊女屋で、何気なく手にとった嗽《うがい》茶碗が、ここにきて役立った。落ち着いた食事などままならない船中、大ぶりの茶碗に飯を入れ、汁でもなんでもかけて、立ったまま掻きこむ。アメリカ行きという千載一遇の機に、うかうか臥せってなどいられるものか。世界に乗り出す青年諭吉の気概が伝わってくる。

船はひたすら東進し、三七日間の航海ののち、二月二六日（太陽暦三月一八日）にサンフランシスコに到着。上陸するや、カルチャーショックの日々が始まる。

まず、「馬車」というものが何であるのかよくわからない。馬と車がつながれていて、戸をあけて入ると、馬が走り出す。ここで初めて、これが乗り物なのだと知る。あるいは、金持ちの紙入れか煙草入れにでもするような珍しい織物が、おそろしく広い床に敷き詰められ、そこを土足のままで歩く。さらには、招かれた先で、子豚の丸煮が饗される。福沢いわく「まるで安達ガ原に行ったような訳《わ》けだ」（『福翁自伝』）。人喰いの鬼婆伝説にたとえるとは、異国どころか、異次元の世界に足を踏み入れた心持だったとみえる。

立食とダンス

乗員のほとんどが日本人の咸臨丸には、米・醤油・塩魚・海藻など、日ごろ慣れ親しんだ食料が積み込まれていたが、一方で、アメリカ人船員中心のポーハタン号に乗った使節団本隊はというと、船中からすでに異文化体験である。

たとえば、使節団のひとり、勘定組頭の森田岡太郎が記した「亜行日記」に、「豚ノ油煮」なるものが出てくる。「豚ノ腸ノ内ヒヤクヒロノ汚物ヲ除キ、豚肉ノ正味

図26　ニューヨークの『フランク・レズリーズ・イラストレイテッド』紙（1860年6月9日）に掲載された使節団。左端が「亜行日記」著者の森田岡太郎（所蔵：神奈川県立歴史博物館）

へ胡椒粉ヲ混和シヒヤクヒロへ詰込ミ油ニテ煮候物ノ由」と説明されていて、どうやらこれはソーセージらしい。「殊ノ外味宜ク覚ユ」とすっかり気に入っている。ボウトル（牛乳）もたいへん美味とあり、動物性の食べ物への違和感はほとんどなかったようだ。寄港地のハワイでは、船中の食料として各種野菜のほか、七面鳥五〜六〇羽・鶏・鶩《あひる》・豚・鶏卵などを積み込んでいる。鳥や牛の捌き方まで記録されていて、これを書いた幕臣森田の旺盛な知識欲がうかがえる。森田はこの時四九歳。下級幕吏ながら学問所勤番をつとめたこともあるほどで、勘定組頭という大役を命ぜられるにふさわしい人物であったようだ。

夕食に必ず出される酒についても、種類のみならず飲み方までよく観察している。シャンパン・リキュール・ビール・ブランデーなどの洋酒を立ったまま飲む。祝杯は「杯ト杯トヲ軽ク打合セ飲ムハ懇切ノ意ヲ表スルナルベシ」。洋酒が注がれたグラスを軽く打ち合わせる、いわゆるカンパイの初体験である。

礼節を重んじる場では、椅子から立ち上がり、会釈をする。座礼を作法としてきた日本人にとっては、「立つ」ことを礼儀とする西洋の習慣がよほど印象的だったのだろう。立礼《りゅうれい》と洋装は、その後明治新政府によって、いち早く正式な場での作法として採用されることになるのである。

アメリカでの滞在中、飲食には見事なまでの適応を見せる反面、どうにも馴染めなかったと思われるのは、饗応の場での舞踏会である。男女が手をとり、体を密着させてぐるぐる回る。ガス灯の眩しさと喧騒とで、見ているだけで目が回る。森田の感想は「イサヽカ猥淫ノコトハナシトイヘトモ、実ニ観ルニ堪ヘス」。福沢も、「妙な風をして男女が座敷中を飛び回るその様子は、どうにもこうにもただ可笑しくてたまらない」（『福翁自伝』）と、吹き出しそうになるのを必死にこらえたとある。それからおよそ二〇年後、鹿鳴館で舞踏会に興じる日本人の姿など、当時はまだ想像もつかなかったことだろう。

「冷たさ」への驚き

「徳利の口をあけると恐ろしい音がして、まず変なことだと思うたのはシャンパンだ。そのコップの中に何か浮いているのもわからない」（『福翁自伝』）。

饗応の際に必ず出される洋酒。グラスに浮かんでいるのは、氷である。口に入れたとたんに吐き出す者。ガリガリと噛む者。時節は春の盛り、よもや氷があろうとは思いもしない。驚愕の体験のひとコマである。

当時の日本には、冬場に採取した氷を保管する氷室《ひむろ》が、山中などの涼しい場所にあった。江戸市中にも土蔵の氷室が設けられていたが、加賀藩邸から将軍家へ氷を献上する六月一日の慣例行事「氷室の祝」に代表されるとおり、特権階級のための貴重品だった。酒にしても、戦国時代のポルトガル人宣教師ルイス・フロイスが「われらにおいては、葡萄酒を冷やす。日本では、それ（日本酒）を飲むには、ほぼ一年じゅう温める」（『フロイスの日本覚書』）と書き残しているように、季節を問わず燗にして温めていたことが、各種の絵図などからもわかる。

氷への感動は、森田の「亜行日記」にもしばしば綴られる。食事の際に氷水が供され、シャンパンや牛乳にも氷片が浮かんでいる。さらなる驚きは「氷製《アイスキリーム》ノ菓子」。「氷ヲ打砕キ臼ニテ挽キ色ヲ染ムル由、形状婦人ノ姿又ハ宝袋又者《は》日本ノ薄皮モチノ如ク丸ク拵《こしら》へ、猶《なお》氷中ニ入レ暫時ニ堅メ製スル由」。器はガラス、もしくは陶器。これを見る限り、カキ氷かシャーベットに近いものを思わせる。

「亜行日記」には、浄書本と原本とが現存している。比べてみると、浄書の際に削除された文言があることがわかる。そのひとつに、こんなつぶやきがあった。「氷片ニテ歯ヲ痛メ、拙ナドハ別而当惑」。どうやら森田も、ガリガリ噛み砕く類のようだ。文明の味は、さぞや身にしみたに違いない。

護衛で随行してきた咸臨丸の一行は、一か月弱のサンフランシスコ滞在ののち、そのままハワイ経由で品川に引き返したが、使節団は、そこからパナマ、ワシントン、ニューヨークと西に移動し、喜望峰を経て、およそ九か月ぶりに世界一周の旅から帰国した。

幕府の使節団は、その後明治になるまでの数年間に西欧各地へたびたび派遣され、その都度新たな文物や知識が持ち込まれた。最初の渡米後、翻訳方として幕府に出仕した福沢諭吉も、文久元（一八六二）年にはヨーロッパ、慶応三（一八六七）年には再度アメリカへと、合計三回の渡航を経験している。

日本人の海外渡航が解禁となったのは、慶応二（一八六六）年。日本から出ることも戻ることも叶わなかった鎖国の時代は、ここに終わる。幕末から明治初期にかけては、使節団だけでなく、留学生も欧米各地へさかんに送られた。彼らはのちに政治家として、あるいは教育者や実業家として、新生日本を担う人材となった。

異文化への貪欲なまでの好奇心と、冷静な分析。約一六〇年前、幕末維新期に海を渡ったサムライたちの見聞は、まぎれもなく現代日本の土台となっているのである。

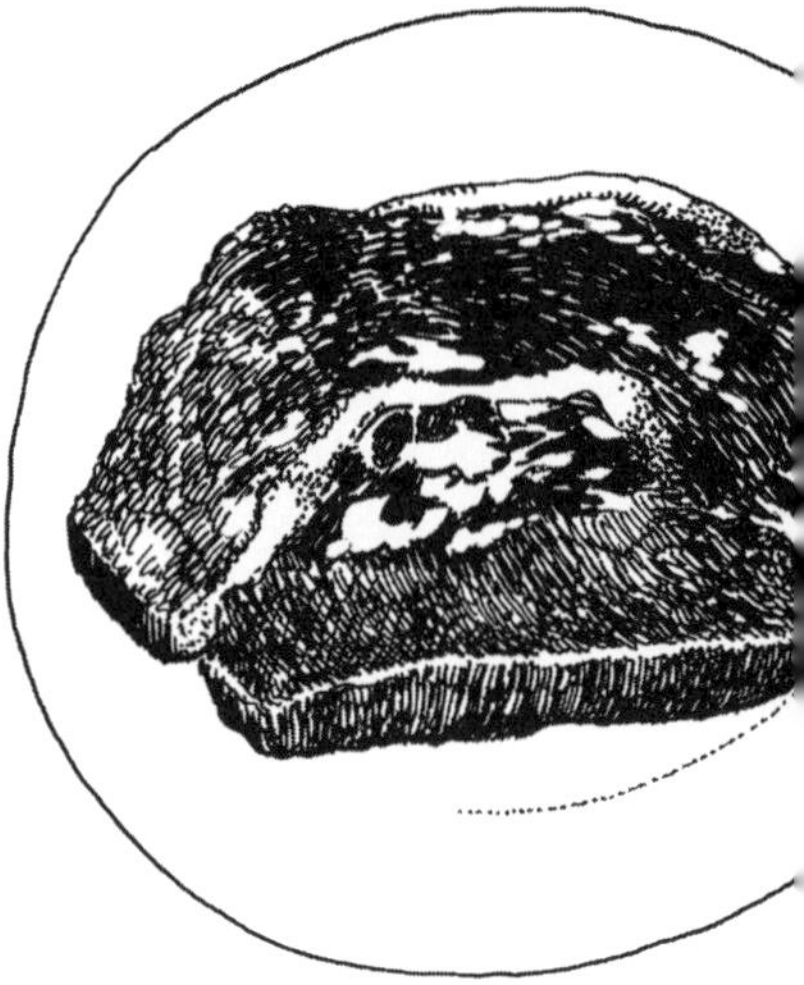

異国人女性がみた明治の日本

イザベラ・バード『日本の未踏の地（日本奥地紀行）』
一八八〇年

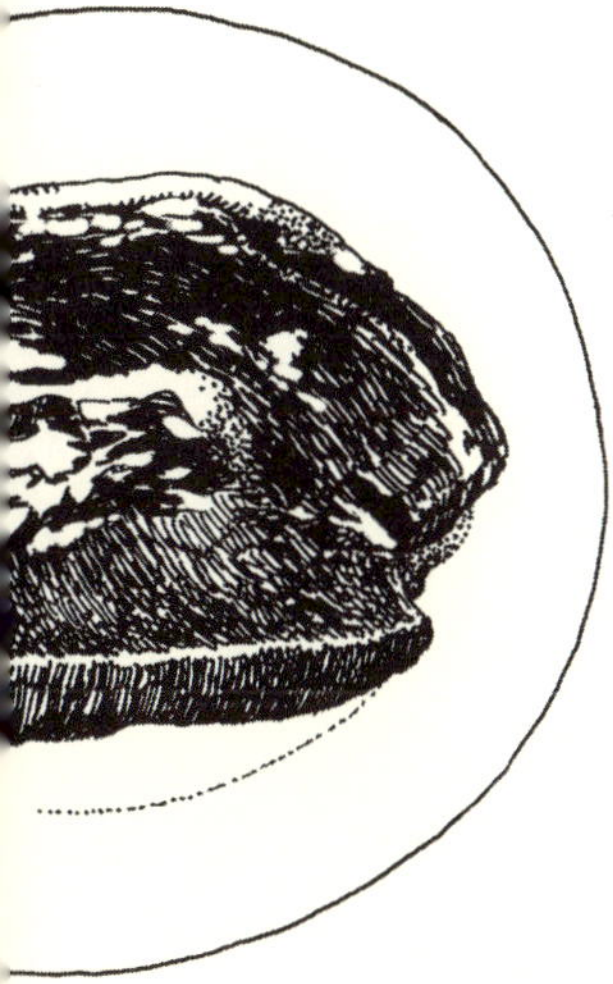

イザベラ・バード

イザベラ・バード（一八三一～一九〇四）はイギリス人旅行家。

明治一一（一八七八）年五月に来日し、同年九月にかけて東北地方から北海道へと旅する。

旅中に故国の妹に宛ててしたためた手紙をもとに、帰国後の一八八〇年に「*Unbeaten Tracks in Japan*（日本の未踏の地）」を出版。

一八九四年には再来し、清や朝鮮にも足を運ぶ。

世界各地を踏破した功績からヴィクトリア女王に謁見し、英国地理学会の特別会員にも選ばれた。

「未踏の地」へのあこがれ

一八七八（明治一一）年五月、維新後まもない日本にひとり降り立った、イギリス人女性イザベラ・バード、満四六歳。アメリカ、カナダ、オーストラリア、ニュージーランド、ハワイ諸島と、すでに二五年ほど世界各地を旅してきた稀代の旅行家である（図27）。幼少時から病弱で、医師に航海を勧められたことで旅するようになった。旅を健康回復の一手段と考える彼女は、日本の気候がすばらしいという評判に魅せられ、アメリカ、上海を経由して来日したのだ。ちょうどこの頃、相次ぐ長距離航路・鉄路の開通で、欧米社会では「世界一周旅行」という新しい旅のかたちが隆盛を迎えていた。アメリカの太平洋郵船会社が、サンフランシスコ—横浜—香港を往復する太平洋横断の定期航路を開設したのが一八六七年。これにより、日本も世界一周旅行の寄港地のひとつとなった。

ただし、当時の日本は、外国人旅行者を迎え入れる制度も設備も、まだ十分といえる状態にはない。開港場に設けられた外国人居留地にホテルはあるものの、行動範囲は限られていて、居留地を遠く離れて移動する場合は「外国人旅行免状」が必要となる。イザベラも、横浜に上陸してから二〇日ほどを、この旅行免状の取得や諸々の準備に費やしている。

通訳も探さなければならない。何人かと面接し、最後に推薦状も持たずやってきた伊藤という一八歳（実際は二一歳）になる小柄な男を、旅の道連れに選んだ。英語力以外はとりたてて秀でたところもないように思えた伊藤だったが、その後三か月にわたる道中で、彼がいかに誠実かつ有能な従者であるか、身をもって知ることになる。この伊藤と、各居留地に点在していたイギリス人ネットワークが、「未踏の地」を行く旅を可能にしたのだった。

図27　イザベラ・バード（所蔵：南陽市）

旅の仕度と食べ物

六月一〇日、人力車三台を連ね、北へ向けて東京のイギリス公使館を出発した。人力車は、イザベラと伊藤が一台ずつ、あと一台は荷物である。荷物はイザベラのものだけで約五〇kg。折り畳み式の椅子・空気枕・ゴム製の浴槽・敷布・毛布・組み立て式の寝台・メキシコ風の鞍、そして相当量の衣類。かなり厳選したとはいえ、家財道具一式持っての旅である。その一方で、食料は、リービッヒ肉エキス[1]、少量の干し葡萄にチョコレート、わずかなブランデーと、驚くほどつつましい。

実のところ、旅行前に在留イギリス人たちから食べ物については散々聞かされていた。数少ない外国人用ホテル以外で、パン・バター・ミルク・肉・コーヒー・葡萄酒などは手に入らず、新鮮な魚も珍しい。そのため相応の食料を持参しなければならないという。生死にかかわる問題とあって、白熱した議論が繰り広げられたようだ。同胞らがイザベラに語ったところでは、日本食というのは「ぞっとするような魚と野菜の料理」で、「長く練習を積まなければ飲み込んで消化できない」らしい。当時のヨーロッパ人としてはもっともな感想であろうが、いまや「和食」が世界無形文化遺産に登録され、外国人観光客も多くがこうした「和食」を堪能していることを思えば、時代が変わったことをしみじみかみしめたくなるような酷評である。

だが、結局のところ彼女は「すべての人びとの忠告をあまり受け入れない」ことに決めた。旅の最終目的地は北海道だったが、東日本の山中を行く道のりを選んだのは、急速に西洋化が進む日本に残された「本当の日本」を見たいという願いがあったからだ。食料の携行をひかえれば、行く先々の食べ物を味わうほかない。率直なところ、味噌汁は口に合わなかったようだし、長い道中には宿屋や茶店がないところもあり、民家でようやくありついた食事が、カビ臭いご飯や古くなった卵、あるいは豆腐だけ、煮豆ときゅうりだけ、といった悲惨な体験も余儀なくされている。けれども、そうしたことも含めてあるがままを受け入れることが、旅の本義だと考えていたのだろう。そして旅を終えた後には、「缶詰の肉やスープ、赤葡萄酒、その他の食物や飲物をわざわざ持参する必要はない」と確信をもって断言しているのである。

宿屋でのカルチャーショック

とはいえ、生活習慣の違いには、やはり耐え難い部分もあったようだ。

東京を発った最初の晩は、粕壁《かすかべ》の宿屋だった。立派な二階家だが、案内された一四畳ほどの部屋は、襖や障子などの「紙」で隔てられているだけ。しかもそれがしばしば音もなく開き、隙間からいくつもの目がのぞく。按摩《あんま》の男が突如部屋に入ってくるかと思えば、読経の声、三味線の音、夜番の拍子木と、ありとあらゆる音が絶え間なく響き、いたずらに不安をかきたてる。さらには蚊と蚤の襲撃で、手紙を書くこともままならない。

不満は、翌日の栃木でさらに増した。大きな宿屋はひどく混んでいて、障子だけで仕切られた狭い部屋をあてがわれた。その障子に開いた穴という穴には人の目があり、宿の主人、使用人、手品師、三味線弾き、芸者…数え切れないほどの人たちが、何の断りもなく障子を開ける。夜半、庭を隔てた向かいの座敷で大宴会が始まった。騒音は次第に激しくなり、偶然倒れた障子の向こうで展開する乱痴気騒ぎをじかに目にした時は、「日本の旅行をすっかりやめてしまおう」とすら思った。外国人への好奇のまなざしもあってのことだろうが、この状況は、おそらくビジネスホテルに慣れきった現代日本人であっても耐え難い。思えば、近代以前の日本の宿、いやそもそも日本家屋には、おおよそプライバシーというものが欠如していた。

何しろ、壁もドアも鍵もないのだ。いつ、誰が部屋に入ってくるかわからない。盗難にあう恐れも十分にある。にもかかわらず、イザベラはいう。「私はそれから奥地や北海道を一二〇〇マイルにわたって旅をしたが、まったく安全で、しかも心配もなかった。世界中で日本ほど、婦人が危険にも不作法な目にもあわず、まったく安全に旅行できる国はないと私は信じている」。

常に人に囲まれ、誰かに見られているということが、かえって安全を保障する場合もある。プライバシーを極力排除し、公共性を高めることで命を守る。当時の日本社会そのものが、そうしたしくみに支えられていたということだろう。

金谷邸のもてなし、秋田の洋食

宿屋の喧騒に疲れきったイザベラは、日光の金谷カッテージ・イン（日光金谷ホテルの前身）で安らぎと気力を取り戻した。

東照宮の楽師だった金谷善一郎が、横浜からやって来たヘボン博士を自宅に泊めたのは、一八七三年六月のこと。これをきっかけに、自宅の空き部屋を改造して、外国人用の宿を開業した。小ざっぱりした座敷やよく磨かれた調度、手入れの行き届いた庭、周りの木々や渓流、鳥のさえずりなどのすべてが心地よく、金の蒔絵が施された膳に九谷焼の器で出される食事は、鱒や卵、そして気を利かせた伊藤のはからいで、鶏料理も用意された。ここを拠点に一〇日ほど滞在し、東照宮や中禅寺湖、湯元の温泉などを訪れている。

日光を発ってしまうと、険阻な山道を日本海側へと抜ける過酷な日が続いた。鶏と魚は、西洋人のイザベラにとって肉料理の欠乏を埋める希少な食材だ。ところが、幹線を外れ、村から村へと馬で移動する山中ではなかなか手に入らない。とりわけ鶏は卵をとるために飼われているので、いくら代価をはずんでも売ってもらえなかった。一〇日ぶりにやっと対面した鮭一切れに、「こんなにおいしいものは今まで味わったことがない」と感嘆している。米よりも、キビなどの雑穀に大根を加えたものを主食とし、副食は塩魚と野菜の漬物。こうした食事は格別貧しいわけではなく、日常の光景なのであった。

その一方で、意外なところで西洋料理を食する機会も得ている。その店は秋田（久保田）にあり、ビフテキやカレーを堪能したイザベラは「眼が生き生きと輝く」ような気持ちになった。秋田といえば、かつての北前船の寄港地である。先進の西洋文化もまた、そうした港町から浸透していく様子がうかがえて興味深い。

イザベラが見た「本当の日本」

八月半ば、青森から船で函館へと渡り、一か月ほどかけてアイヌの村を訪ねた。横浜に戻るのは九月半ば。その後一二月まで国内に留まって、香港・マレー半島・カイロを経て翌一八七九年五月にイギリスに帰った。

『英国アジア協会誌』で偶然目に留めた日本の自然の美しさに心惹かれて来日したイザベラは、その自然を存分に満喫して旅を終えた。にもかかわらず、彼女の紀行には、景観よりむしろ、旅の途次でのさまざまな人との出会いが微細に綴られている。

それから約二〇年を経た一八九四〜九六年に、彼女は再び日本を訪れた。日清戦争のさなかにあって、鉄道網の充実や都市の発展はめざましく、近代国家として変貌をとげていた。しかし、彼女は著書の新版発行にあたって、これを改訂しなかった。イザベラが見たいと切望した「本当の日本」。それはおそらく農村の人びとのいとなみにこそあり、二〇年後も変わらぬ姿でそこにあることを確かに見届けたからではなかろうか。

（1） ドイツの化学者ユストゥス・フォン・リービッヒ（一八〇三〜一八七三）が考案した、牛肉のスープを煮詰めて塊状にしたもの。精肉の流通がままならなかった時代に携帯食品として開発され、商品化に成功した。

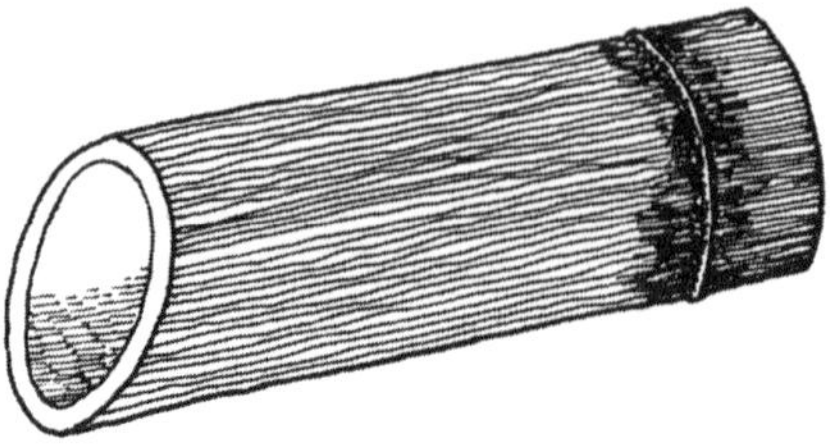

密林縦断探検行

岩本千綱『暹羅老撾安南三国探検実記』

明治三〇(一八九七)年

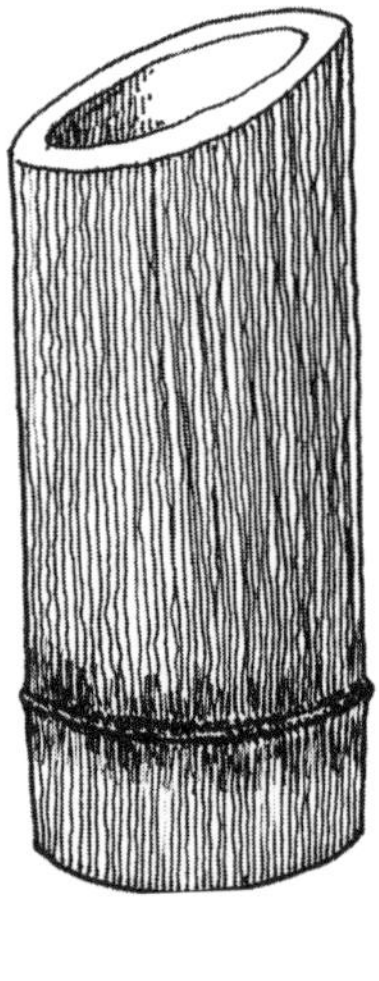

岩本千綱

岩本千綱《ちづな》（一八五八〜一九二〇）は高知出身で、
陸軍士官学校を出て軍人となるも、
自由民権運動に加わってのちに免職となり、
実業家を志してタイに渡る。
同志の山本鋠介《しんすけ》と二人で僧侶に姿を変え、
西欧諸国の利権がうごめく未踏のインドシナ半島を踏破して、
珍道中ともいえる
稀有なる旅の手記を残した。

軍人からの転身

学生時代、仲間内でタイ旅行が流行ったことがある。格安チケットを手に嬉々として出かけていく先輩たちに触発され、私自身も卒業後まもなく、帰国していた留学生の友人を頼って行った。初日に泊まるゲストハウスだけ目星をつけ、あとは成り行き任せという、今思えば無鉄砲な旅だった。

体力と好奇心を持て余してしまうような年頃の目に、タイという国は、特別な輝きを帯びて映るのかもしれない。ここで紹介する岩本千綱《ちづな》も、タイがまだシャムと呼ばれていた時代、この地に心惹かれて旅立ったひとりである。

明治二五（一八九二）年、三五歳の千綱はシンガポール経由で初めてバンコクに入った。土佐出身の彼が、順風満帆な軍人生活を突如としてなげうったのが四年前。シャム行きは単なる放浪ではなく、ここで起業して日本との架け橋になろうという目算があってのことだ。だが、農業移民、貿易事業と次々に企てるも、ことごとく失敗。そうこうするうち日清戦争が起き、三国干渉で戦勝ムードが一転するなか、インドシナ半島にはフランスの触手が伸びてきて、千綱の心中は穏やかでない。破天荒な彼が思いついたのは、シャムから北上し、フランス領となったラオス、ベトナムを踏破するという、誰も試みたことがない探検であった。

千綱の心意気に賛同し、同行を買って出る者が現れるのもまた、明治という時代なのだろう。名古屋出身の山本鋠介《しんすけ》。千綱よりひと回りほど若く、バンコクの貴族学校でシャム語と文学を習熟したという。

心強い道連れを得たとはいえ、問題は資金である。乏しい路銀で怪しまれず旅を続けるにはどうすればよいか――。彼らが出した答えは、僧に化けることだった(図28)。行先の土地には、敬虔な仏教徒が多い。未踏の異国を托鉢で縦断しようとは、これまた何とも大胆な発想である。

図28　僧の衣装をつけた岩本千綱
(出典：国立国会図書館「近代日本人の肖像」(https://www.ndl.go.jp/portrait/datas/4276/))

メナム河畔のバンケラ寺で剃髪し、香染の法衣をまとい、千綱は「鉄脚」、鉦介は「三無」とそれらしい名前に変えた。出発は、明治二九（一八九六）年一二月二〇日。旅には最適な乾季の只中であった。

にわか僧の托鉢行

まずはバンコクからメナム河を蒸気船で北に遡り、アユタヤに着く。ここから僧に扮した二人の徒歩行が始まった。かつてこの地に日本人町を築いた山田長政を偲びつつ、鉄路をたどる。バンコクを基点に建設が始まっていた鉄道の工事現場を実見することは、ふたりの旅の目的のひとつでもあった。

線路の左右に水田が広がり、たたずむ水牛のほかに、目に入るものは何もない。行けども行けども誰にも会わず、人家もなく、当座のしのぎに持参したわずかな飯をついばんで、枕木を枕に、夜空を仰ぎ見ながら眠りについた。

ほんの一昼夜で、耐え難いような疲労と空腹感である。朝になり、水牛を追う農夫の姿が線路の先に見えた。近くに村があるようだ。行けば三〜四軒、人家が点在している。

なにしろ、人に食べ物を乞うたことなどないふたりである。いざ托鉢となると、互いに尻込みするばかりで埒が明かない。とそこへ、荷物を肩にした老人が通りかかった。ふたりを見るや、地面にひれ伏し、「どこへ行かれるのですか？　朝食はお済みですか？」と聞くではないか。歓喜に踊る胸を抑え、「われらはコラートまで行くのだが、まだ食事はいたしておりません」と、高僧然として答えると、「ならばこれを」と荷物の底から差し出されたのは、弁当だった。さらに三拝を繰り返して去る老人を見送り、その場に座り込んで貪り食った。

僧のなりをするという妙案が、さっそく功を奏したようだ。洋の東西を問わず、神仏の加護を求めて旅する者へは、誰かが必ず手を差し伸べる。粗食であれ、行く先々で何かしら口にでき、たとえ人家に行き当たらなくても、鉄鉢に残った米で粥くらいは炊くことができた。

とはいえ、次第に知恵がつき、小芝居に興じるところは、にわか僧の悲しさである。老女と若い娘が仲良く語らう家の前で、三無がいかにも哀れを装い、「同行の師が昨夜から病気で、何も口にしておりません」と乞うた。驚いた老女と娘は駆け回り、ほどなく餅、砂糖、塩魚、バナナが盆に盛られて出てきた。ただし、病人にされた鉄脚は無闇に手を出せず、三無も師を差し置いて大食するわけにもいかない。「せっかくの御供養を残すわけにはまいりません」とここは小賢しさを発揮して、残りを鉄鉢に詰め込み、そそくさとその場をあとにした。

こうしたことが重なると、当初の小心さはどこへやら、すっかりふてぶてしくなってしまうものらしい。天然痘の祈祷に都々逸《どどいつ》を語り、護符代わりに手帳をちぎって駄洒落を書き与える。熱病患者が続出しているという村で病魔祈祷を懇願され、手持ちのキニーネ（抗マラリヤ薬）とコロダイン（解熱剤）の薬包を霊符と称して与えたところ、一夜にして効験を得たと、まるで生き仏のような扱いである。米、魚、砂糖、野菜、煙草などがうず高く積み上げられ、なお数日の逗留を、と引き止められるのをなんとか遣り過ごし、供物を鉄鉢に収めて先を急いだ。

飢渇との戦い

平坦だった道は、いつしか木が鬱蒼と生い茂る山道に変わった。密林は、旅を妨げる不安要素に満ちている。山中で虎に行き合った時には、恐怖のあまり身動きもならず、凝視したまま直立不動だったのがかえって助けになった。虎の方から去ってくれて事なきを得たが、盗賊にはなすすべもなく、地図や旅券、筆記用具などが入った行李をそっくり持っていかれてしまった。やむなくコラートのフランス領事館に駆け込み、明治三〇年の元旦をここで迎えた。もっとも行李は、賊が価値なしと判断したようで、そのまま打ち捨てられているのが見つかった。こうしたところがなかなかに強運である。

シャム北境のノンカイを出て、フランス領ラオスに入ったのは、旅を始めてちょうど一か月ほどたった一月二二日だった。ビエンチャンのフランス領事館で、仏教の修養に来た日本の僧として旅券を交付され、北へと歩みを進めた。

道はなおのこと、険阻な山路となっていた。樹木の根がむき出しの坂道を越え、時には岩をよじ登る。雨のような濃霧に全身が濡れ、胸までつかるほどの急流を渡りながら、危うく流されそうにもなった。こんな道でも主要な往還らしく、通りすがりの行商人に助けられたのは幸いだった。

食べ物も、野性味を帯びてきた。山中で行き暮れ、一泊を乞うた寺に、村人が供物を持ち寄りやってきた。遠来の客には、そうする慣わしのようだ。もち米の飯に、青苔、唐辛子、小魚、菜っ葉の煮付け。そして得体の知れない汁物。見れば、野菜に混じった油虫、さらには何やら白いものが浮かんでいる。それが仰向きになった青蛙の腹だとわかった時は、さすがのふたりも絶句したまま箸を置いてしまった。

首府ルアンプラバンへと抜ける道中は、難所続きの山岳地帯である。人家はなく、山中の露営は必至だ。そういう時、土地の旅人たちは豊富に生えている竹を使う。飯を炊くにも、汁を煮るにも、水を携行するにも竹である。一節おきに切った竹筒にもち米と水を入れ、焚火の中に立てておく。そうすると、三〇分ほどでほどよい強飯が炊き上がる。鍋釜を持参しなくても、手近にある材料を使って、場所を選ばず食事ができるのだ。こうした僻遠の地だからこそ、その土地にあった知恵や工夫も自ずと生まれるのだろう。

「這般《このはん》の旅行中最大唯一の希望は何かといえば、食うと飲むとのほかに出でず」。千綱が後に記した旅行記の一節である。飢えは、一日くらいはどうにかなる。だが渇きのほうは、水なしで半日も耐えられない。岩山と渓谷が果てしなく続く熱帯の密林では、毎日がいつ訪れるかわからない飢渇との戦いである。ただ生き抜くこと。もはや彼らの旅の目的は、それのみとなっていた。

跋渉の先の悲劇

ラオスからトンキン（北ベトナム）に入り、フランス政庁があるバンブー村に入ったのは三月二九日。出発から三か月あまりが経っていた。深山幽谷の旅はようやく終わり、官船に食料を満載して川を下る。四月九日にハノイ着。あとは帰国のため、香港行きの汽船に乗るばかりとなった前日に、悲劇が起こった。鋹介、そして千綱と続けて発熱し、千綱は回復に向かったが、鋹介は症状を悪化させ、五日ほど臥せったのちに帰らぬ人となった。享年二六。遺骸は外国人共同墓地に葬られた。

千綱はひとり、鋹介の遺品を抱き、五月一三日、香港経由で神戸に着いた。その年の八月、『暹羅老撾安南《しゃむらおすあんなん》三国探検実記』を上梓。旅の記録を世に出すことが、鋹介への鎮魂でもあったのだろう。その千綱自身も、以後忽然と姿を消す。シャムへは何度か足を運んだようだが、消息不明のまま、大正九年、六三歳で世を去ったという。

ただ一冊の本に名を残すだけのふたり。しかしそこには、彼らの生の証が克明に刻まれている。旅することは生きること。根源的なメッセージは、一二〇年あまりが経った今日であっても、色あせることはない。

人類学者のモンゴル踏査

鳥居龍蔵『蒙古旅行』明治四四(一九一一)年
鳥居きみ子『土俗学上より観たる蒙古』昭和二(一九二七)年

鳥居龍蔵・鳥居きみ子

鳥居龍蔵（一八七〇〜一九五三）と
妻のきみ子（一八八一〜一九五九）はともに徳島生まれ。
独学で人類学を学んだ龍蔵は、
上京して東京帝国大学に籍を置きながら
東アジア各地を調査して回る。
きみ子が南蒙古カラチン王府の女学校教師として
赴任するのを機に龍蔵も行動をともにし、
乳飲み子を連れてモンゴル一帯を踏査。
成果をそれぞれの著作として発表。
とりわけきみ子の著作には、
衣食住などの生活者の目線に沿った記述に富んでいる。

カラチンの学校に夫婦で赴任

二〇世紀前半、わが国の人類学の草創期に、東アジアを駆け巡った鳥居龍蔵。独学自修の人として知られるが、その研究にはもうひとつ特徴がある。一家総出、とでもいうべきか。妻のきみ子を筆頭に、長女の幸子、次女緑子、次男龍次郎と、調査に同行して役割分担し、膨大な記録を残した。家族は龍蔵の支えであり、また同志でもあった。

そんな鳥居ファミリーでの最初の調査が、明治四〇（一九〇七）年から翌年にかけてのモンゴル探査だ（図29）。龍蔵三八歳、きみ子二七歳。長女幸子は、なんと生後七〇日。

その前年、南蒙古のカラチン王府にある学校に夫婦で赴任した。カラチンには、日露開戦前に日本人の手で開かれた軍事学校と女学校があった。この女学校の教師をつとめていた河原操子が二年の任期を終えて帰国するので、きみ子を後任に、できれば夫婦で来てほしい、との打診が、龍蔵が籍を置く東京帝国大学を通じてあった。これを二つ返事で引き受けたのは、きみ子。師範学校を卒業し、郷里の徳島で一年ほど訓導をつとめたのち、東京音楽学校でピアノを学んだ経歴を持つとはいえ、きみ子は学者でもなければ教育者でもない。二一歳で同郷の龍蔵と結婚し、その仕事を間近で見ながら、自分もいつか大陸へと思いを馳せていたものか。

カラチンの学校では、前任の操子による徹底した日本語教育プログラムが完成されていて、きみ子たちはこれを踏襲しながら、残りの時間を中国語とモンゴル語の習得、そして遺跡の探査にあてた。まもなく約束の一年という頃、きみ子の出産が近づいたのを機に一旦帰国。明治四〇年六月、首がすわったばかりの幸子を抱き、親子三人で半年ぶりに再びカラチンへ。王府の一角に離れを借り、報酬を元手に準備を進めた。その年の暮れにはカラチンから一〇〇kmほど北の赤峰に移動。日用品や薬などを買い集め、冬を越す間にモンゴル語も通訳を不

図29　鳥居龍蔵、きみ子、幸子（長女）の明治40年、蒙古調査出発に際して撮影された記念写真（所蔵：徳島県立鳥居龍蔵記念館）

要とするまでに習熟し、シラムレン（遼河）の氷が溶けるのを待って北へと出発した。

外務大臣や北京の公使館の協力で、護照という、行先や目的が書かれた中国公式の通行証を携えていた。だが、向かうは未踏の奥地。女子どもは足手まといではないか、と非難の声もかまびすしい。これにかえって発奮し、ついには五〇〇〇kmを超える道のりを踏破。帰国後、龍蔵は『蒙古旅行』、きみ子も『土俗学上より観たる蒙古』という大著をものした。綴られているのは、広大な原野に生きる人々のありのままの暮らし。そこから食の風景を切り取ってみよう。

草原から沙漠へ

明治四一（一九〇八）年三月一五日、春を待つあいだ拠点にしていた赤峰を発つ。馬車は二台。一台に親子三人が乗り、もう一台には荷物を満載。その脇を、赤峰の役人のはからいで四人の中国人騎兵が護衛する。

荷物は、葉タバコ、砂糖、五色の糸、針、マッチ、リボン、鏡、首飾玉、石版画、薬など。いずれも手みやげにするための品だ。食料と衣類、そして現金は、必要最低限のみ。行く先々で泊めてもらい、食事を出してもらう。そのお礼を金銭で支払うのは失礼で、珍しい品物を渡すほうが喜ばれる。そんな土地のルールを知ったのは、出立前に夫婦を訪ねてきたモンゴル人青年の助言による。奥地の危険を進言する声ばかりが聞かれるなか、彼はこう言った。「モンゴルはそんなに怖いところではありません。奥に進むほど人々は純朴で、あなた方が持っている護照にしたがって、責任をもって送ってくれるでしょう」。そして交渉の仕方や、モンゴル人の好物が高粱酒と煙草であることなどを教えてくれた。葉タバコを荷物に加えたのはそのためだ。

春とはいえ、日本とは比較にならない寒さである。きみ子は赤峰で仕立てた中国服の上に長い毛皮のマントを羽織り、胸にしっかりと幸子を抱いて馬車に乗った。「幸」という語は、発音も意味もモンゴル語とよく似ている。カラチンで授かったこの子を、ふたりは「何よりの蒙古みやげ」と喜び、「幸子」と命名したのだ。その幸子ももうすぐ満一歳になる。

市街を出てひとつ川を渡れば、そこは広漠とした砂礫の大地であった。見渡す限り一軒の家も目に

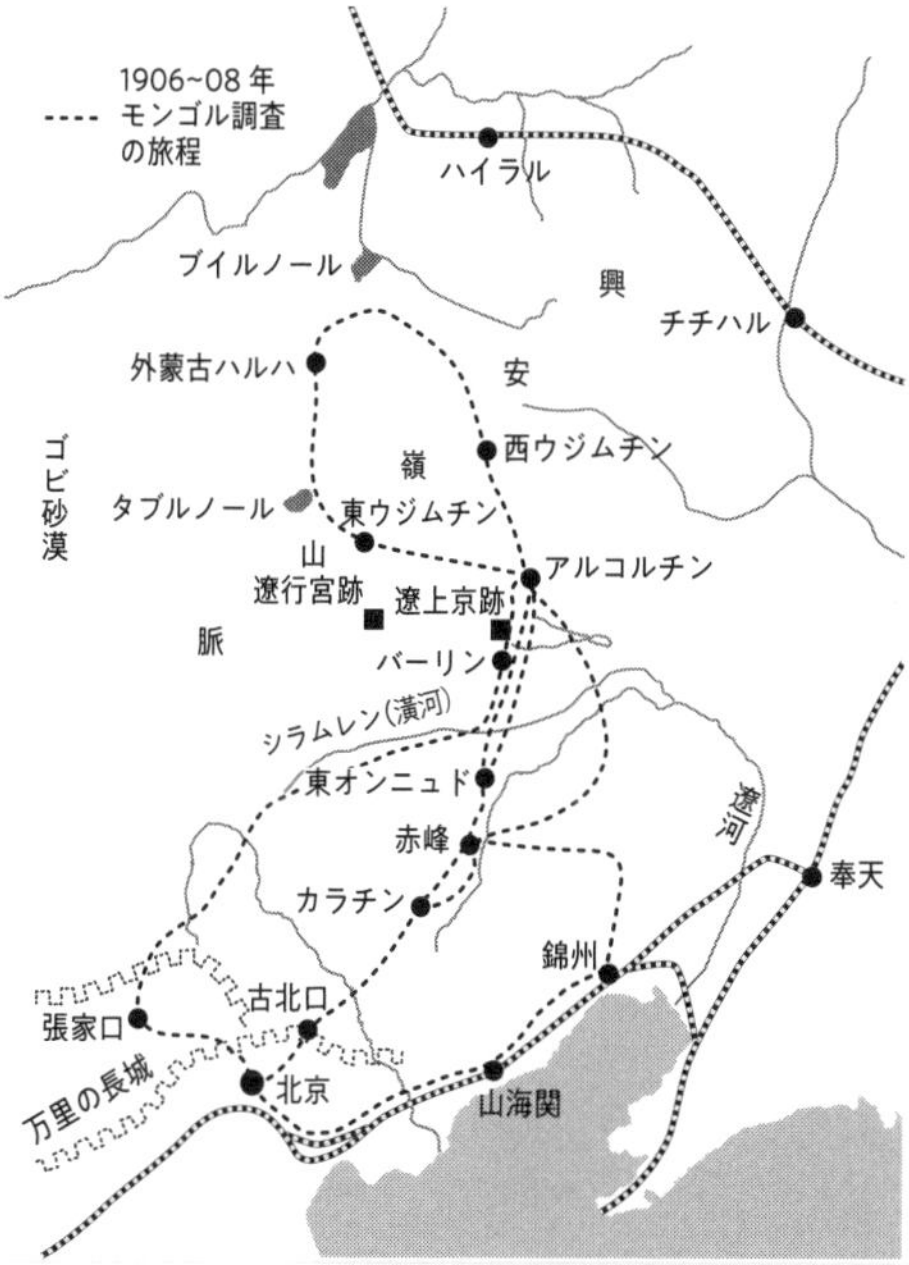

図30　鳥居龍蔵・きみ子のモンゴル調査旅程

入らず、馬車の進みがたちまち遅くなった。沙漠が途切れると、整然と耕された畑が現れる。他の土地から流入してきた中国人の手によるもので、土塀をめぐらせた城のような豪農の家がところどころに建っていた。

最初の宿を請いにその一軒を訪ねた。が、門を固く閉ざしたまま開ける気配がない。聞けば、女性客を絶対に泊めないのだという。仕方なく別の家で交渉を始めたが、ここでも「外国人客はお断り」とすげない。なんとか食い下がり、門の中に入れてもらった。

案内された部屋は、暖かく清潔だった。哺乳器で幸子にミルクを飲ませていると、主人から「少し分けてくれないか」と頼まれた。以前にこの地を通ったロシア人が、茶にミルクを入れて飲ませてくれたことがあり、その味が忘れられないのだという。やがて家族や使用人も次々とやってきた。きみ子はそのひとりひとりに、馬車に積んだ荷物の中からささやかな贈り物を選んで渡した。聞いていたとおり、金銭でなく、珍しい品物を置いていくほうがはるかに喜ばれることを知った。

赤峰を発って三日ほどで、東オンニュド（翁牛特）王府に入る。見渡す限りの草原で、ここから先は本格的なモンゴルの地となる。当時のモンゴルには王府が点在し、それぞれが独自の文明を築いていた。龍蔵たちにとって王府は宿場のようなもので、ここで宿をとり、次の王府までの馬車と従者を用立ててもらう。所持する護照には行程が記され、これさえあれば話はとおるはずだった。

ところが、訪ねた王は不在、応じる役人からも、与えるべき宿や食事はない、とはぐらかされる。押し問答の末、それまで中国語を話していた役人が急にモンゴル語で、「四人の中国兵を帰すならかまわない」と言った。外国人に随行する中国兵には、しばしば横暴な挙動に出る者がいるのだという。随行の中国兵たちはモンゴル語がよくわからない。上手に言い含めて赤峰に帰すと、役人の態度も和らいだ。思えば、出立前に助言をくれたモンゴル人青年は「中国人の従者や馬夫を連れて行くことだけはおやめなさい」と進言してくれていた。先日の農家で宿を断られたのも、このあたりに理由がありそうだった。

その晩は、食卓の様子も違っていた。それまでの粟の粥や餅《ピン》といった中国風の食べ物が、この日から変わった。炒ったモンゴルアム（黍《きび》）を搗き、乳の入った茶をこれにかける。バターを入れたり、羊肉と煮たりもする。モンゴルアムは、開いた花のようなかたちをしていて、ざらざらした食感が口に残る。初めは抵抗があったのだが、やがて慣れて、幼い幸子も喜んでこれを食べた。

ここの王府を出ると、一面沙漠になった。木は一本もなく、道らしき道もない。車を引く馬が牛になり、砂礫の上をのろのろ進む。案内役の従者はのん気で、先を急ぐ気配もない。外国人への警戒からか、村人と接触しないよう、あえて沙漠を進んでいるようにも思える。そう疑うのにはわけがあり、行く先の村の名前を聞いても、本当の地名を決して言わないのだ。簡単な地図は持っていたから、間違いをただすと「そういう村は知らない。知らない村には行けない」と言う。遺跡の場所を聞いたり、土器の破片や古銭が落ちてはいまいかと絶えず目を凝らしたりする夫婦の様子が、役人である彼らにはすこぶる不審に映ったようだ。金塊を掘り出して土地を買おうとしているとでも思ったのか、「気に入った土地はあるか？」などと探りを入れてくる。モンゴルの歴史や風俗習慣を調べに来ているのだといくら説明しても、理解できないようだった。

途中の村で宿を乞うた。この家の妻が踏み臼でモンゴルアムを搗き、饗応してくれた。わずか一椀の水で手から顔まで洗うさまは見事で、さっそくこれに倣った。

茫漠とした砂地のところどころに、行き倒れになった牛が亡骸をさらしている。時折叩きつける砂まじりの北風が、風土の厳しさを物語っていた。

興安嶺を越え、外蒙古へ

シラムレンを渡り、バーリン王府の管轄に入った。そこから四日ほどで、沙漠から山並みへと景色が変わった。興安嶺の南端にさしかかったのだ。

バーリンには、龍蔵がかねてから注目していた遼（契丹）の遺跡がある。そのひとつである行《あん》宮《ぐう》跡には巡礼地として知られる白塔があって、周辺には巡礼者が多数行き交っていた。中国人の隊商もしばしば見かけた。牛車に木綿、穀類、酒、煙草などを積んで来て、ところどころにテントを張る。それぞれ決まった持ち場があり、待ち構えていたモンゴル人が冬の間に貯えていた毛皮類を持ちよって、それらの商品と交換する。このあたりは古くから人の行き来が盛んで、春先になるとこうして賑やかになるのである。

遺跡の調査では、龍蔵が写真を撮り、遺物を拾い集める間、きみ子は幸子を負ぶって、石に刻まれた文様を絵に描いたり、碑文を写したりした。宿に帰ると、村人が代わる代わる古銭を持ってきては、薬と交換してほしいという。こうした来訪者にはラマ僧の姿もあった。

バーリンからアルコルチン（阿嚕科爾沁）へと北上するに従って、道は次第に険しくなり、時折雪が舞った。山中に点在する村は、馬賊の来襲を受けたらしく、人の気配がない。案内の役人たちが方々駆け回り、食料と泊まる場所を調達してくれた。

五月二日、峠が近づき、車の幅ぎりぎりに切り立った谷間の道がますます急峻になってきた。放牧中の牛を捕まえて補充し、馬夫たちは声を掛けながら車を押し上げていく。

坂を上りきった先が、興安嶺の頂上だった。ここを過ぎると、一変してなだらかな高原が広がった。ゲル（円形の家屋）も、土壁と草屋根だったのが、厚手の毛氈の天幕になるなど、峠ひとつ越えただけでずいぶん違う。吹雪に凍えながら三日ほど進み、もうひとつ峠を越えて、西ウジムチン（烏珠穆沁）に入った。

新芽の出そろった牧草が、それまでと比べようもなく美しい。このあたりは農耕をせず、中国語も通じない。冬の間は家畜を連れアルコルチンの方へと移動する、純然たる遊牧の民であった。

緩やかな起伏が続く原野を北上し、五月二三日、外蒙古ハルハ（喀爾喀）王府の領内に入った。外蒙古通過の難しさがそれまでの比ではないことは、その日の朝、随行の役人からさんざん聞かされていた。前年、日本人ふたりが大勢を引き連れて行ったが、どうしても受け入れられずに断念したという。案の定、村に着くと、事前に通達してあったはずなのに、村役人は不在であった。その家の妻も「病気で応対できない」という。別の男が現れ「この村には牛も馬もラクダも車もない。来たほうへと帰りなさい」と頑として譲らない。

この膠着を、きみ子が救った。幸子を抱き、村役人の妻に近づくと「写真だけでも撮らせてください」と話しかけた。そして、五色の糸や煙草などを見せながら、「具合の悪いところはどこですか？　薬も持っていますよ」と話しかけた。子どもに砂糖の塊をやると、妻は少し打ち解けて、お返しに椀一杯の乳を持ってきて幸子にくれた。うれしそうに飲む幸子を見て、先の男も頬をゆるめている。きみ子はすかさず男に言った。「この役人の妻が病気なら、別の家に連れて行ってください。そうすれば、西ウジムチンから連れてきた案内人はすぐ帰します」。

親子三人きりになれば、村人は驚くほど丁重だった。打って変わって和やかになり、羊の乳で作ったチーズなどを振る舞ってくれた。乳は常食らしく、それまでよく口にしたモンゴルアムなどの穀類はない。西ウジムチンからほんのわずかな距離なのに、服装も違えば食べ物も違う。言葉も、内蒙古に比べてこちらは文語に近くわかりやすい。内蒙古より車輪も荷台も大きな車に乗ると、松の木の香りがした。もはや黒龍江流域に近いところまで来たのだと思った。

モンゴルのバインサラ（喜びの月）

翌日は、羊一頭の饗応にあずかった。皮を剝いだ羊を大鍋で煮て盆に載せ、肉を切り分けて皆に分配する。龍蔵たちには、一番やわらかいという肩の肉が配られた。煮出したスープも、骨の髄までも余すところなく食べ尽くす。まさしくこの土地最高のもてなしであった。

ひとたび打ち解けると、外蒙古の人たちはことのほか親切で、連日のように羊が饗された。初めは臭いが鼻について、ほんの三〜四切れの肉片を口にするのがやっとだったきみ子も、連日食べているうちに美味しく感じるようになった。世話になった家の妻が、道中の備えにと冷えた羊肉を持たせてくれた。車中でそれをかじり、空腹をしのいだ。

五月三〇日、ハルハ王府からさらに北へと歩みを進める。ここから先は人家もまばらで、水さえないところが続くという。車に、テント一張、羊一頭、水一樽、鍋、杓子、鍬などを積み込んで出発。点在する小さな村を頼りに北上を続け、黒龍江省との境にあるブイルノール（貝爾湖）まで行ったところで、内蒙古の東ウジムチンへと南下する道をとった。

六月半ばになった。幸子も日々成長し、花が咲く草原を這いまわるようになっていた。この季節を、モンゴルではバインサラ（喜びの月）と呼ぶ。牧草が豊かに伸び、木々の新緑が陽光をあびて輝く。鳥がさえずり、家畜の乳の出も盛んになって、どの家でも忙しい。羊、山羊、牛、馬、ラクダなど、あらゆる家畜の乳からさまざまな乳製品を作る。一年分の食料を、こうして蓄えるのである。

興安嶺の脊梁を再び越え、内蒙古の東チャロット（札嚕特）領に入ると、しばらく口にしなかったモンゴルアムが供されるようになった。農耕地帯まで南下してきたのだ。春先に渡ったシラムレンに戻ってきたのが七月五日。翌日、烏丹城の町に入り、中国人の宿屋に落ち着く。赤峰を出てから四か月ぶりに入浴し、垢と埃にまみれた衣服を取り替えた。僅かな現金をここで使い果たしてしまったので、途中の王府で贈られた五頭の馬を売った。

行きに積んでいたみやげ物の代わりに、土器の破片や石仏など、道中で拾い集めた標本類を満載し、七月一二日、赤峰に帰着。ここで一旦旅装を解き、約一か月後の八月二二日、再度出発。北京から張家口を回り、内蒙古を再訪して、その年の暮れに日本に帰った。

三年にわたるこのモンゴル旅行で、龍蔵は後に学位論文となる重要な研究テーマを得た。そしてまた、家族での調査行という研究スタイルも、この時生まれた。

調査記録として残された写真も豊富にあり、なかでも目をひくのは女性や子どもの姿だ。きみ子と幸子がいたからこそ、彼女たちとの交流が叶ったのはいうまでもない。視野の広さと総合性で今なお高く評価される鳥居龍蔵の学問は、ともに歩いた妻子による台所からのまなざしに支えられていたともいえるのである。

参考文献

はじめに

神崎宣武編『旅と食』（食の文化フォーラム20）ドメス出版、二〇〇二年
安田亘宏『フードツーリズム論――食を活かした観光まちづくり』古今書院、二〇一三年
柳田國男「行商と農村」『定本柳田國男集　第一六巻』筑摩書房、一九六二年
山本志乃「『生存の旅』から『楽しみの旅』へ――旅の変遷にみる食のあり方」南直人編『フォーラム　人間の食　第三巻　食の展望――持続可能な食をめざして』農山漁村文化協会、二〇二三年

巡見使と歩いた奥州

岩本由輝『本石米と仙台藩の経済』大崎八幡宮仙台・江戸学実行委員会、二〇〇九年
古川古松軒（大藤時彦解説）『東遊雑記　奥羽・松前巡見私記』平凡社（東洋文庫）、一九六四年

作家が旅した上方

曲亭馬琴（木越俊介校註）『羇旅漫録　付蓑笠雨談』平凡社（東洋文庫）、二〇二二年
鈴木晋一「馬琴の食卓」公益財団法人味の素食の文化センター企画・編集・発行『食文化誌 vesta（ヴェスタ）』二五号、一九九六年
竹村俊則校注『都名所図会　上巻』角川文庫、一九六八年

女たちの物見遊山

小田宅子「東路日記」前田淑編『近世女人の旅日記集』葦書房、二〇〇一年
桑原久子「二荒詣日記」前田淑編『近世福岡地方女流文芸集』葦書房、二〇〇一年
柴桂子『近世の女旅日記事典』東京堂出版、二〇〇五年
田辺聖子『姥ざかり花の旅笠――小田宅子の「東路日記」』集英社、二〇〇一年

街道の茶店と名物

喜田川守貞『近世風俗志（守貞謾稿）一』岩波書店、一九九六年
鍋屋嘉兵衛『鍋屋嘉兵衛の道中記―諸国参詣道中日記并鹿島参詣道中記』城山古文書会編、二〇一二年、城山古文書会
深井甚三『江戸の宿―三都・街道宿泊事情』平凡社新書、二〇〇〇年
山本志乃『団体旅行の文化史――旅の大衆化とその系譜』創元社、二〇二一年

食道楽の伊勢参り
「伊勢参宮献立道中記」竹内利美他編『日本庶民生活史料集成　第二〇巻』三一書房、一九七二年
旅の文化研究所編『絵図に見る伊勢参り』河出書房新社、二〇〇二年

幕末志士の母孝行
加藤淳『新釈清河八郎伝』財団法人清河八郎記念館、二〇一二年
清河八郎（小山松勝一郎校注）『西遊草』岩波文庫、一九九三年
庄内町教育委員会編『清河八郎関係書簡一～六』庄内町、二〇一二年～二〇一八年
日野市立新選組のふるさと歴史館『新選組誕生と清河八郎』日野市、二〇一四年

大地震下での旅日記
宇井邦夫『東総の改革者たち――宮負定雄と平田国学』巌松堂出版、二〇〇八年
川名登「草莽の国学者・宮負定雄小伝」鈴木信雄他編著『過渡期の世界――近代社会成立の諸相』日本経済評論社、一九九七年
宮負定雄（那智篤敬／宇井邦夫校注）『地震道中記――安政東海大地震見聞録』巌松堂出版、一九九五年
宮負定雄『宮負定雄未刻資料集』私家版、二〇〇〇年
宮負定雄（佐藤正英／武田由紀子校訂・注）『奇談雑史』ちくま学芸文庫、二〇一〇年

市に集う人と物
小野一二『五城目朝市・五百年』秋田県五城目町、一九九五年
川島秀一『魚を狩る民俗――海を生きる技』三弥井書店、二〇一一年
菅江真澄著／内田武志・宮本常一編訳『菅江真澄遊覧記』平凡社（東洋文庫）、一九六五年
菅江真澄「ひおのむらぎみ」内田武志・宮本常一編『菅江真澄全集　第四巻』未来社、一九七三年
菅江真澄「雪の出羽路　平鹿郡　八巻」内田武志・宮本常一編『菅江真澄全集第六巻』未来社、一九七六年

山伏の歩く道
石川英輔『泉光院江戸旅日記』講談社、一九九四年
野田成亮「日本九峰修行日記」宮本常一他編『日本庶民生活史料集成　第二巻』三一書房、一九六九年
宮本常一『野田泉光院』未来社、一九八〇年

孤高の俳人
北村皆雄『俳人井月　幕末維新風狂に死す』岩波書店、二〇一五年
下島勲・高津才次郎編『井月全集』（増補改訂第五版）井上井月顕彰

会、二〇一四年
宮原達明『漂泊の俳人　井月の日記』ほおずき書籍、二〇一四年

東北人の南島探検

笹森儀助（東喜望校注）『南嶋探験1・2』平凡社（東洋文庫）、一九八二～三年
松田修一『我、遠遊の志あり――笹森儀助風霜録』ゆまに書房、二〇一四年

富士山頂での越冬

落合直文『高嶺の雪』明治書院、一八九六年
野中至・野中千代子（大森久雄編）『富士案内　芙蓉日記』平凡社ライブラリー、二〇〇六年
山本志乃『女の旅――幕末維新から明治期の11人』中公新書、二〇一二年

極地をめざして

木村義昌・谷口善也『白瀬中尉探検記』大地社、一九四二年
白瀬京子『雪原へゆく――わたしの白瀬矗』南極探検隊長白瀬矗追彰会、一九八六年
白瀬南極探検隊記念館『白瀬矗を支えた南極探検隊』秋田県にかほ市教育委員会、二〇一二年
白瀬矗『南極探検』博文館、一九一三年
白瀬矗『私の南極探検記』日本図書センター、一九九八年
豊田市郷土資料館編『白瀬中尉の南極探検』豊田市教育委員会、二〇〇三年
南極探検後援会編『南極記』南極探検後援会、一九一三年
野村直吉船長航海記出版委員会編『南極探検船「開南丸」　野村直吉船長航海記』成山堂書店、二〇一二年
渡邊近三郎「南極探検隊の料理日記」『婦人世界』第七巻第一〇号・第一一号、一九一二年
渡邊近三郎「氷塊で飯を炊く」『婦人世界』第七巻第一三号、一九一二年

流転と無一物

井上泰好「小豆島の自由律俳人　杉本玄々子」日本放哉学会編集委員会『放哉研究』第六号、二〇一八年
荻原井泉水『放哉という男』大法輪閣、一九九一年
尾崎放哉『放哉全集』全三巻、筑摩書房、二〇〇一～二年
湖の会編『春の烟』一九三〇年
村上護『放哉評伝』春陽堂、二〇〇二年

異国への漂流

「魯西亜国漂船聞書」山下恒夫編『大黒屋光太夫史料集　第二巻』日本評論社、二〇〇三年
桂川甫周（亀井高孝校訂）『北槎聞略』岩波文庫、一九九〇年

山下恒夫『大黒屋光太夫』岩波新書、二〇〇四年

鯨を追って

川澄哲夫編『中浜万次郎集成』小学館、一九九〇年
高知県立坂本龍馬記念館編・発行『漂巽紀略　大津本』二〇一三年
中濱博『中濱万次郎――「アメリカ」を初めて伝えた日本人』冨山房インターナショナル、二〇〇五年

黒船の饗宴

M・C・ペリー（土屋喬雄・玉城肇訳）『ペルリ提督日本遠征記』弘文荘、一九三六年
サミュエル・ウェルズ・ウィリアムズ（洞富雄訳）『ペリー日本遠征随行記』雄松堂書店、一九七〇年
横浜開港資料館編・発行『ペリー来航と横浜』二〇〇四年

幕臣たちの文明体験

福沢諭吉（富田正文校訂）『新訂　福翁自伝』岩波文庫、一九七八年
松田毅一、E・ヨリッセン『フロイスの日本覚書』中公新書、一九八三年
森田岡太郎「亜行日記」日米修好通商百年記念行事運営会編『万延元年遣米使節史料集成　第一巻』風間書房、一九六一年

異国人女性がみた明治の日本

イザベラ・バード（高梨健吉訳）『日本奥地紀行』平凡社（東洋文庫）、一九七三年
イザベラ・バード（金坂清則訳注）『完訳日本奥地紀行1〜4』平凡社（東洋文庫）、二〇一二〜二〇一三年
宮本常一『イザベラ・バードの『日本奥地紀行』を読む』平凡社ライブラリー、二〇〇二年
横浜開港資料館『世界漫遊家たちのニッポン――日記と旅行記ガイドブック』横浜開港資料館、一九九六年

密林縦断探検行

岩本千綱『暹羅老撾安南　三国探検実記』博文館、一八九七年（中公文庫、一九八九年）

人類学者のモンゴル踏査

鳥居きみ子『蒙古行』読売新聞社、一九〇六年
鳥居きみ子『土俗学上より観たる蒙古』大鎧閣、一九二七年
鳥居龍蔵『蒙古旅行』博文館、一九一一年
鳥居龍蔵・きみ子『満蒙を再び探る』六文館、一九三二年
鳥居龍蔵『ある老学徒の手記』岩波文庫、二〇一三年

初出一覧

＊各話の初出は以下のとおりである。本書に収めるにあたって、適宜加筆・修正を施している。

Ⅰ．遊山と紀行

巡見使と歩いた奥州（公益財団法人味の素食の文化センター企画・編集・発行『食文化誌 vesta（ヴェスタ）』二〇一六年一一月、一〇四号）

作家が旅した上方（「馬琴が旅した上方」同前、二〇一六年八月、一〇三号）

女たちの物見遊山（同前、二〇一三年一一月、九二号）

街道の茶店と名物（同前、二〇一四年八月、九五号）

食道楽の伊勢参り（同前、二〇一四年二月、九三号）

幕末志士の母孝行（同前、二〇一七年五月、一〇六号）

大地震下での旅日記（「この人の旅　宮負定雄」旅の文化研究所企画・発行『まほら』二〇一八年四月、九五号）

Ⅱ．放浪と冒険

市に集う人と物（公益財団法人味の素食の文化センター企画・編集・発行『食文化誌 vesta（ヴェスタ）』二〇一五年八月、九九号）

山伏の歩く道（同前、二〇一五年一一月、一〇〇号）

孤高の俳人（「この人の旅　井上井月」旅の文化研究所企画・発行『まほら』二〇一七年一〇月、九三号）

東北人の南島探検（公益財団法人味の素食の文化センター企画・編集・発行『食文化誌 vesta（ヴェスタ）』二〇一七年二月、一〇五号）

富士山頂での越冬（同前、二〇一四年五月、九四号）

極地をめざして（「この人の旅　白瀬矗」旅の文化研究所企画・発行『まほら』二〇一六年一〇月、八九号）

流転と無一物（「この人の旅　尾崎放哉」同前、二〇一九年四月、九九号）

Ⅲ．越境と雄飛

異国への漂流（公益財団法人味の素食の文化センター企画・編集・発行『食文化誌 vesta（ヴェスタ）』二〇一三年八月、九一号）

鯨を追って（「この人の旅　中濱万次郎」旅の文化研究所企画・発行『まほら』二〇一七年四月、九一号）

黒船の饗宴（「黒船の饗応」公益財団法人味の素食の文化センター企画・編集・発行『食文化誌 vesta（ヴェスタ）』二〇一四年一一月、九六号）

幕臣たちの文明体験（「遣米使節たちの文明体験」同前、二〇一六年二月、一〇一号）

異国人女性がみた明治の日本（同前、二〇一五年二月、九七号）

密林縦断探検行（同前、二〇一五年五月、九八号）

人類学者のモンゴル踏査（「鳥居龍蔵・きみ子夫妻のモンゴル踏査」同前、二〇一六年五月、一〇二号）

あとがき

二〇一九年の暮れに始まった新型コロナウイルスの感染拡大により、とりわけ大きな影響を被ったのが旅行と飲食であったことは記憶に新しい。人と人との密なる接触や、飲食の際の飛沫への警戒からやむを得ないとはいえ、感染拡大地域からの人の移動に厳しい目が向けられ、自粛警察や帰省警察なる現象まで現れた。旅と食はセットであり、旅に出れば必ず飲食を伴う。はからずもコロナ禍によって、そのことを改めて実感させられた。

三年半ほどの混乱の時期を経て、旅と食の現場は再び動き始めている。二〇二四年七月の訪日外国人観光客数は約三二九万人と、単月として過去最高を記録したことが報じられた。閉ざされていたことの反動だろうか。駅も、空港も、宿も、レストランも、どこも盛況で大混雑の様相を呈している。コロナ禍では「不要不急」に類されてしまった旅であるが、本来は食と同様に人が生きるうえで欠かすことのできない基本的な行動様式である。そしてまた、人と人とを取り結び、ともに生きる社会を構築する役割を担ってきたことも忘れてはならない。

本書では、旅が今日的な娯楽や消費文化、すなわち観光旅行に収斂される以前、江戸時代後半から昭和戦前期あたりをおおよその目安として、さまざまな旅のありようとそこでの食の風景を、旅した人たちが残した記録から拾い出すことを試みた。ここで取り上げた人物の大半は、公益財団法人味の素食の文化センターが発行する食文化誌『vesta（ヴェスタ）』で、二〇一三年から二〇一七年まで一六回にわたって連載した「旅の記録と食」の内容に基づいている。連載時には紙幅の都合で割愛した資料を追記するなど、各話に修正を施した。また、二〇二〇年三月まで在籍していた旅の文化研究所が発行する季刊誌『まほら』での連載（「この人の旅」）からも、旅と食との原初的なかかわりを強く感じさせる人物を、やはり加筆修正のうえ数名加えて再編した。連載時にお世話になった関係者の皆さまには、篤くお礼を申し上げる次第である。

近年、食への興味は多様化している。経済的な面だけでなく、いわゆる郷土食を地域特有の文化として再評価し、遺産化するための議論も活発化している。こうした情報が、さまざまなツールを使って広く発信されるようになったのも、最近の特徴だろう。食の情報は人の足を動かす。とりわけ過疎化が深刻な地方では、旅行や観光による交流人口の増加に大きな期待が寄せられている。旅と食との連動が、現代社会の新たな課題に向き合ううえでも、重要な意味を持っているのである。

単行本化にあたっては、教育評論社の清水恵さんにお世話になった。頭の中を整理するつもりでこつこつ書き溜めていた原稿に目をとめて、一冊にまとめることを提案してくださった。コロナ禍の最中にお話をいただいてから二年半、気長にお待ちくださったことに感謝申し上げる。なお、各話の扉を飾るイラストは、それぞれの「旅と食のものがたり」から着想を得て、イラストレーターの中島梨絵さんが描いてくださったものだ。料理や食べ物としての絵面が浮かびにくいだけに、ご苦労をおかけしたことと思う。装幀は文京図案室の三木俊一さんが手がけてくださった。いずれの方も本書の意図をくんで工夫してくださったことにお礼を申し上げたい。

八月の初め、高知県北西部の山間地、檮原《ゆすはら》町に足を運んだ。村の中の辻に、茶堂という、掘立柱と萱葺き屋根の、まるで中世の絵巻物から抜け出てきたかのような風情の素朴なお堂があり、紙コップと番茶の入ったやかんがひとつ、置かれていた。盆月である八月いっぱいはこうやって、村の人たちがお茶と掃除の当番を持ち回り、いつ誰が立ち寄ってもよいようにしているのだという。旅人へも、ご先祖さまへも、誰とも知れぬ精霊にさえも、遠来の客人として茶を差し出しねぎらう。旅と食との関係は、この国で長く培われてきたふるまいの文化へと通じている。これからさらに深めていきたいテーマである。

二〇二四年　秋彼岸

山本志乃

〈著者略歴〉

山本志乃（やまもと・しの）

1965年鳥取県生まれ。神奈川大学国際日本学部歴史民俗学科教授。博士（文学）。民俗学専攻。

定期市や行商に携わる人たちの生活誌、庶民の信仰の旅、女性の旅などについて調査研究を行っている。

著書に『団体旅行の文化史――旅の大衆化とその系譜』（創元社、第14回鉄道史学会住田奨励賞（第二部門書籍の部）受賞）、『「市」に立つ――定期市の民俗誌』（創元社）、『行商列車――〈カンカン部隊〉を追いかけて』（創元社、第42回交通図書賞（歴史部門）受賞）、『女の旅――幕末維新から明治期の11人』（中公新書）、『日本の民俗3　物と人の交流』（吉川弘文館、共著）などがある。

旅人の食
旅の記録と食風景

二〇二四年一一月二六日　初版第一刷発行

著　者　山本志乃
発行者　阿部黄瀬
発行所　株式会社　教育評論社
〒一〇三-〇〇二七
東京都中央区日本橋三-九-一
日本橋三丁目スクエア
TEL〇三-三二四一-三四八五
FAX〇三-三二四一-三四八六
https://www.kyohyo.co.jp

印刷製本　株式会社シナノパブリッシングプレス

定価はカバーに表示してあります。

落丁本・乱丁本はお取り替え致します。

ISBN 978-4-86624-108-1